_____ 님

당신께 희망을 전합니다.

_____ 드림

넘어져도 괜찮아

류수노 방송대 총장이 전하는 희망 메시지

넘어져도 괜찮아

초판 1쇄 펴낸 날 / 2021년 4월 26일
초판 2쇄 펴낸 날 / 2021년 5월 15일

지은이 | 류수노
펴낸이 | 류수노
펴낸곳 | (사)한국방송통신대학교출판문화원
　　　　03088　서울특별시 종로구 이화장길 54
　　　　대표전화　1644-1232
　　　　팩스　(02)741-4570
　　　　홈페이지　http://press.knou.ac.kr
　　　　출판등록　1982년 6월 7일　제1-491호

ⓒ 류수노, 2021
ISBN 978-89-20-03990-4　03040

값 16,000원

- 잘못 만들어진 책은 바꾸어 드립니다.
- 이 책의 내용에 대한 무단 복제 및 전재를 금하며, 저자와 (사)한국방송통신대학교출판문화원의
  허락 없이는 어떠한 방식으로든 2차적 저작물을 출판하거나 유포할 수 없습니다.
- '책속에 지혜'는 (사)한국방송통신대학교출판문화원의 패밀리 브랜드입니다.

넘어져도 괜찮아

류수노 방송대 총장이 전하는 희망 메시지

책속에 지혜

총장 임용제청 거부 사태로 겪어야 했던
폐목강심(閉目降心)의 4년여 동안
절체절명이었던 제게
삶의 지혜를 깨우쳐 주신 분들,
쌀 품종 개발에 혼신을 다해준 연구원들,
총장 임용제청 촉구를 위해 서명한 11만여 동문을 비롯한
85만 방송대 가족 여러분께
이 책을 바칩니다.

대한민국 교육의 희망사다리가 되어 주십시오!

정 세 균 전 국무총리

류수노 총장님의 에세이집 『넘어져도 괜찮아』 출간을 진심으로 축하드립니다. 농사일로 시작해 9급 공직자의 길로, 방송대를 졸업해 미국 럿거스대학 박사후 연수까지, 그리고 마침내 모교인 방송대 교수를 거쳐 총장이 되시기까지 파란만장한 인생역정이 이 책 한 권에 오롯이 담겨 있습니다.

성공보다 실패가 더 많았던 삶, 우리 사회의 강고한 엘리트주의와 정권의 핍박과 장벽 앞에서도 좌절하지 않고, 마침내 일어서는 불굴의 의지! 총장님의 삶이 바로 한 권의 책이요, 대한민국에 희망사다리가 건재하다는 것을 여실히 보여 주는 다큐멘터리입니다.

역경을 헤쳐 나가는 과정에서 체득된 '위기관리 리더십'은 코로나19라는 전례 없는 위기상황에서 빛을 발했습니다. 총장님께서는 지난 48년간 방송대가 다져온 원격교육의 경험과 기반을 바탕으로, 온라인 개학을 원하는 대학과 해외 유학생들에게 무상으로 콘텐츠를 제공해 주는 통 큰 결단을 내렸습니다. 그 덕분에, 수십 개의 대학과 1만 명이 넘는 학생들이 큰 도움을 받았습니다. 나아가, 유수한 고등교육기관들이 앞다퉈 '디지털로의 중심 이동'을 서두르는 좋은 계기를 만들어 주었습니다. 위기를 기회로 만들어 가는 류수노 총장님의 탁월한 '위기관리 리더십'에 다시 한번 박수를 보냅니다.

지금까지 그래오셨듯이, 앞으로도 대한민국 국민 누구나 공평하게 누릴 수 있는 '교육의 희망사다리'를 만들기 위해 더 많은 노력을 기울여 주십시오. 넘어진 젊은이들을 손잡아 일으켜 주고, 따뜻이 보듬어 주는 우리 사회의 큰 어른이 되어 주십시오.

우리 시대 인생의 이정표 이야기

권 순 기 경상대학교 총장

 류수노 총장님을 생각하면 아주 많은 단어가 맑은 밤하늘의 별빛처럼 한꺼번에 쏟아집니다. 총장님이 살아오신 역정과 총장님의 철학과 업적들을 나타내는 여러 단어를 하나로 총화하면 '인생의 이정표'라는 말이 나옵니다. 서산대사가 쓴 것으로 알려진 (실제로는 이양연의 시) '踏雪野中去, 不須胡亂行, 今日我行蹟, 遂作後人程(눈 덮힌 벌판을 함부로 걷지 마라. 오늘의 내 발자국이 뒷사람에겐 이정표가 된다)'이란 한시가 생각납니다. 류수노 총장님은 삶에서, 학문에서, 직업에서 갈 데를 모르고 헤매는 우리 시대 모든 방랑자들에게 북극성처럼 인생을 살아가는 뚜렷한 길을 제시해 줍니다.

 총장님의 이 에세이집에서는 9급 공무원으로 공직생활을 시작한 한 인물이 국립대학 총장이 되기까지의 과정이 파노라마처럼 펼쳐집니다. 대학 구성원의 지지로 총장임용후보 1순위에 올랐지만 영문도 모른 채 임명받지 못했던 시기를 서술하는 부분에서는, 저도 모르게 눈물을 흘렸습니다. 저 또한 경상대학교 9대 총장 임기를 마치고 10대 총장에 출마하여 1순위 후보로 선출되고도 임명되지 못한 여러 사람 중 하나이기 때문입니다.

　류수노 총장님과 저의 동병상련은 여러 군데에 매듭을 지어 놓았습니다. 저 또한 경상남도 산청군 산골에서 태어나 어렵게 학업을 이어간 사람입니다. "무엇이든 노력하면 안 되는 일이 없다."라는 신념으로 공부하고 연구하고 논문을 쓴 덕분에 오늘의 자리에 이르렀습니다. 다산 정약용을 공부한 이야기를 읽으며 제가 남명 조식에 빠져 있는 것을 반추하게 되었습니다. 류수노 총장님과 저의 인생이 데칼코마니처럼 겹치는 것은 우연이지만, 두 사람의 우정과 신뢰는 필연이 되었습니다. 총장님께서 걸어가시는 길을 묵묵히 따르는 것만으로도 제 인생의 많은 부분은 성공적일 것으로 믿습니다.

　류수노 총장님 에세이집은 우리나라 현대사를 뜨겁게 살아낸 한 사람의 인생사이자 우리나라 고등교육의 밝고 어두운 면을 동시에 보여 주는 거울입니다. 많은 사람들이 이 에세이집의 행간 속에서 삶의 의미를 찾게 되기를 기대하면서 에세이집 출간을 진심으로 축하드립니다.

좌절과 시련 뛰어넘은, 인생의 나침반 같은 삶의 여정

류 희 찬 한국교원대학교 전 총장

평소 존경하는 한국방송통신대학교 류수노 총장님의 에세이집 『넘어져도 괜찮아』 출간을 진심으로 축하 드리면서, 이 책을 일독하면서 느낀 벅찬 마음을 담아 이 글을 올립니다.

이 책에는 숱한 어려움에서도 희망을 놓지 않고 꿋꿋이 살아오신 류 총장님의 삶의 여정이 고스란히 녹아 있습니다. 너무도 어려운 국가적 시련을 견디고 있는 우리나라 대학의 구성원들뿐 아니라 험한 세상에서 묵묵히 각자의 삶을 살아가고 있는 일반인들도 꼭 한 번 읽어보기를 권합니다.

이 책을 읽으면서 류수노 총장님이 살아오신 기적과도 같은 삶에 깊은 감동을 받습니다. 너무도 열악한 가정환경에서 쌀 한 자루를 메고 가출하여 독학으로 검정고시와 9급 공무원 시험에 합격하고 국비 유학생을 거쳐 모교 출신 첫 방송대 교수와 모교 출신 첫 대학 총장이 되어 우리 교육계의 사표로 인생을 변화시킨 점도 기적과 같지만, 서슬 퍼런 국가 권력의 부당함에 맞서 정의를 쟁취해 나가는 과정이야말로 기적이 아니고 무엇이겠습니까? 또한 우리 모두 어렵게 살던 시절, 농업이 크게 주목받지 못하던 때, 농업에서 희망을 찾고 그 열정 하나로 기능성 쌀인 슈퍼자미와 슈퍼홍미를 만드는 과정은 농학도뿐 아니라 우리나라 모든 대학 구성원들이 본받고 따라야 할 중요한 덕목이라 하지 않을 수 없습니다.

우리는 또 하나의 기적이 요구되고 있는 시대에 살고 있습니다. 코로나 시대로 비대면 온라인 수업이 보편화됨에 따라 학교교육의 질을 담보하는 것이 생각보다 쉽지 않다는 점을 절실히 느끼고 있습니다. 이제 활짝 열린 온라인 시대에 한국방송통신대학교는 대학교육을 넘어 일반인을 위한 대중 교육의 메카가 되었습니다. 이 책은 새로운 시대적 소명 앞에서 한국방송통신대학교가 추구하는 디지털 콘텐츠 개발의 혁신을 선두에서 이끄시는 총장님의 모습이 잘 소개되어 있습니다. 더 나아가 이 책은 역사의 질곡 속에서도 우리가 나가야 할 길을 제시해 준 두 선현, 서애와 다산의 혜안을 함께 보여 주고 있습니다. 두 분의 지혜는 수백 년을 뛰어넘어 오늘날에도 절실히 필요한 모습으로 성큼 다가옴을 느낄 수 있습니다.

살다 보면 좌절하지 않는 것도 중요하지만 좌절했을 때 취하는 행동이 더 중요하다는 점에서 류 총장님의 에세이집 『넘어져도 괜찮아』는 우리 인생의 긴 행로를 밝히는 소중한 나침판이라 생각합니다. 얼마 전, 1962년에 만들어진 「Miracle Worker」라는 흑백 영화를 보았습니다. 우리가 너무나도 잘 아는 시각 청각 복합 장애인인 헬렌 켈러가 설리번 선생님을 처음 만나 겪는 변화를 기록한 영화입니다. 엄청난 좌절을 겪으면서도 '글을' 읽게 만드는 그의 노력으로 기적이 일어났음을 우리 모두 잘 알고 있습니다. 류 총장님이야말로 '미러클 워커'라 불려도 손색이 없다고 봅니다. 이 책은 우리 시대의 미러클 워커가 동시대를 살고 있는 전 구성원들에게 보내는 참 지혜의 원천으로 일독을 강력 추천하고자 합니다.

이 시대의 스승, 류수노 총장님의 길을 따르겠습니다

조 동 성 인천대학교 전 총장

류 선생님께서 보내 주신 원고 『넘어져도 괜찮아』의 첫 페이지를 읽고, 그냥 덮을 수가 없었습니다. 첫 페이지를 읽은 시간이 저녁 9시 15분이었고, 마지막 페이지를 끝낸 시간이 새벽 3시 45분이었습니다. 6시간 30분 동안 물 한 잔 마시지 않고 읽었습니다. 한 줄 한 줄, 한 글자도 빼놓지 않고 읽었고, 주석까지 읽었습니다. 평생 경영학 분야의 전문서적을 수천 권 읽고, 또 다양한 분야의 책을 수천 권 읽었지만, 오늘 밤처럼 한 권의 책에 몰입해 보았던 기억은 잘 나지 않습니다. 류 선생님은 독자를 이야기의 세계로 끌어들이는 탁월한 작가입니다.

원고를 읽어나가는 동안, 류 선생님을 새롭게 알게 되었습니다. 평소 만나서 담소할 때에는 마음의 빗장을 풀어놓고 친하고 편한 벗으로 대했습니다. 이제 책 속에 담긴 진솔한 인생사를 통해 고난 속에서 절차탁마(切磋琢磨)한 선생님의 강인한 의지, 고결한 정신, 따뜻한 마음을 알게 되었습니다. 류 선생님은 뒤따르는 제자들을 올바른 길로 이끌어 주는 고매한 스승입니다.

책을 다 읽고 나서, 한없이 왜소해진 저 자신을 거울에서 봅니다. 이대로 살아서는 안 되겠다는 통렬한 반성을 합니다. 불의로 얼룩진 사회를 외면하는 '추락한 피해자'의 과오를 극복하겠습니다. 어려운 현장을 찾아가 '액티브 러닝'으로 문제를 해결하는 실천적 학자가 되겠습니다. 류 선생님은 우리 사회를 바르고 풍요롭게 해 주는 영원한 지도자입니다.

류 선생님이 우리 모두에게 인생의 선물로 주시는 이 책을 통해 저 자신을 바르게 하고 우리 사회를 새롭게 만들어 가겠습니다.

고맙습니다.
류 선생님, 존경합니다.
류수노 총장님!

실패는 다른 길의 출발점이다

우리는 이력서를 쓸 때 실패한 것은 대부분 뺀다. 이력서에 쓰지 못하는 숱한 인생 기록을 누구나 가지고 있다는 말이다. 그렇다면 이력서에 밝히지 못한 그 많은 여정들이 진짜 인생이 아닐까?

개인이든 조직이든 위기는 항상 있다. 그런데 위기는 오는 게 아니라 만들어진다. 실패란, 넘어지는 것이 아니라 넘어진 자리에 머무는 것이라고 하지 않는가! 실패를 했느냐가 아니라 그 실패에서 무엇을 배웠느냐가 중요하다. 되돌아보니 실패가 또 다른 길의 출발점이 되었고, 나를 특별하게 만들어 주었다. 실패가 나의 힘이 되었다.

국가직 9급 공무원으로 시작하여 국립대 총장에 오르기까지 30여 년 공직생활 기간 중에 성공보다는 실패가 더 많았다. 수많은 실패 속에서 많은 것을 배우게 되었다. 실패가 거듭될수록 더 정교하게 도전하고, 몰입하는 즐거움도 깨달았다. 성공한 사람들은 역경에도 불구하고 성공한 것이 아니라 역경 때문에 성공했다고 말한다.

총장 선거에서 1순위 임용후보자로 선출되었으나 교육부가 이유를 밝히지 않고 총장 임용제청을 거부하면서 전쟁 같은 소송이 시작되었다. 그리고 나는 1심(서울행정법원)과 2심(서울고등법원), 대법원을 거쳐 파기환송심(서울고등법원)까지 폐목강심(閉目降心, 눈을 감고 마음을 가라앉힌다)의 4년 1개월을 마음에 큰 상처를 안고 버텨내야 했다.

이 기간 동안 나는 크게 두 가지에 몰두했다. 하나는 자연과학자로서 소홀히 했던 인문고전에 관심을 갖게 되었다. 서애 류성룡, 다산 정약용 같은 선현들을 만났다. 두 분의 유적지에 실제로 가서 체취를 느껴보고 그분들이 피눈물로 쓴 책들을 읽으며 세월을 견디는 지혜를 얻었다. 삶을 홀로 감당해야 하는 각자도생의 시대에 선현들의 한마디 한마디는 큰 힘이 되었다. "수레가 산에 가로막히더라도 반드시 길이 있다."(車到山前必有路)는 말처럼 절망의 시기에 희망의 불씨를 살려 주었다.

이순신을 중용한 서애의 삶과 그의 마지막 저서 『징비록』(懲毖錄)은 나에게 또 다른 희망이었다. '징비'의 더 깊은 함의는 천찬(天贊), 바로 희망이다. 절체절명의 극한 상황이었던 임진왜란, 그 절망의 극단에서 절망은 없었다. 서애는 비록 절통(切痛)은 할지언정 절망은 하지 않았다. 지옥 속의 전쟁을 하면서도 서애는 어째서 절망하지 않고, 다른 관리들과 달리 아무것도 기대할 수 없는 상황에서 희망을 버리지 않았을까? 아니 희망을 굳게 믿고,

흔들림이 없었을까? 『징비록』에서 그 모든 의문의 답과 당시 역사를 붙들고 있던 희망의 이유를 알 수 있었다. 그러나 『징비록』의 이 큰 울림에도 불구하고 나는 여전히 징비록이 남긴 한계와 의문에 허기를 느꼈다.

다산 정약용은 18년간의 유배 생활과 귀양에서 풀려난 인생 후반기를 재야에서 글쓰기에 몰두했다. 그는 500여 권에 달하는 저서를 통해 철학과 예학은 물론 실용적 학문을 추구한 조선 최고의 실학자라는 데 의문의 여지가 없다. 특히, 대표 저서인 『경세유표』, 『목민심서』, 『흠흠신서』 등 일표와 이서를 지어 백성에 도움이 되고자 했다. 세상사에 지친 다산도 오랜 귀양 생활 후 회갑을 맞아 스스로 쓴 묘비명에 "알아주는 사람은 적고 꾸짖는 사람은 많다. 만일 천명이 허락해 주지 않는다면 한 번에 온통 불태워 버려도 좋을 것이다."라고 고백했다. 최악의 상황에 유배되어 있으면서도 그곳에서 최선을 다한 다산의 안목과 여유, 넉넉한 품성을 존경하지 않을 수 없다.

인고의 시간 중 몰두한 또 한 가지는 쌀 연구였다. 홍색 쌀에 있는 당뇨억제 성분 탁시폴린이라는 물질을 발견하여 특허등록을 하게 되었고, 세계 최초로 탁시폴린 성분이 많은 쌀 품종 슈퍼홍미를 개발하는 성과를 거두었다. 세상에 쉬운 일은 하나도 없다. 특히, 쌀 품종 개발은 시험농장에서 시간과 공간과 치열하게 싸운 결과물이다. "한 알의 종자가 세계를 바꾼다."는 노벨평화상을 수상한 브로그 박사의 표현은 쌀 품종 개발의 중요성을 강조한 말이다. 슈퍼자미와 슈퍼홍미와 같은 새로운 기능성 쌀 품종의 개발은 대한민국 쌀 품종 개발사에 오래 기억될 것이다.

공직과 연구 과정 중에 겪은 거듭된 실패에도 불구하고 포기하지 않고 한 걸음 한 걸음 걷다 보니 변곡점의 어딘가에 서 있게 되었고, 그곳에서만 볼 수 있는 그 어떤 것이 보였다. 그리고 그것을 기록해 두고 싶었다. 이 책을 쓰게 된 이유다.

다시 한번, 절체절명의 시기에 삶의 지혜를 주신 분들과 쌀 개발에 혼신을 다한 연구원, 그리고 총장 임용제청 촉구를 위해 서명한 11만 여 명의 동문을 비롯한 85만 방송대 모든 가족들에게 감사드린다.

2021년 4월
강촌 응식재(凝息齋)에서

류수노

차 례

● **추천사**

1부   시련, 상식 그리고 정의 25

1장 | 9급 공무원에서 국립대학 총장까지

1부

시련, 상식 그리고 정의

9급 공무원에서 국립대학 총장까지

야산을 개간해 자두나무를 심다

내가 태어난 곳은 충청남도 논산의 자그마한 농촌 마을이다. 근처에 제법 큰 탑정저수지가 있고, 벼농사와 밭농사를 지으며 소와 돼지, 닭 같은 흔한 가축을 키우는 그런 마을이었다. 그곳에서 평범하게 초등학교와 중학교를 다녔다. 그때 나는 꿈이라는 게 뭔지 잘 모르고 살았다. 아니 꿈을 꿀 겨를이 없었다고나 할까? 방과 후엔 농사일을 거들어야 했고, 땔나무를 하러 산에 가거나 들판에서 소꼴을 베면서 쉴 틈 없이 고되게 살았다. 보리밭에서 김을 매다가 눈을 찔려 염증으로 한동안 고생하기도 했고, 초여름 논일을 하고 받아 마신 막걸리 탓에 배탈 났던 기억이 아직도 생생하다.

그러다가 중3 때 고등학교 진학을 위해, 당시 대학원에 다니던 형과 함께 서울로 올라오게 되었다. 그러나 고등학교 입학시험에 실패하고 재수생의 길로 들어섰다. 서울 미아리고개 판잣집에서의 재수 생활은 그야말로 고통의 나날이었다. 경제적으로도 어려웠고 성적도 잘 오르질 않아 심적 갈등은 커져만 갔다. 그러다가 학원에서 만난 친구들과 대입 검정고시에 응시하게 되었는데, 운이 좋게 나만 합격했다. 대학입시를 치러야 할 차례였지만 마음이 달라졌다. 궁핍한 서울 생활을 접고 따뜻한 밥과 부모님의 사랑이 있는 고향으로 가고 싶어졌다. 검정고시 합격으로 고등학교 과정을 2년이나 빨리 마친 터라 귀향에 충분한 명분도 생겼다.

이렇게 귀향하여 시작한 농촌 생활은 농업 후계자의 길이었다. 1974년 봄, 성실과 부지런한 삶으로 나를 이끌어주셨던 부모님과 형의 권유로 야산을 개간하고, 과수 심는 일에 착수했다. 혼자서 공부하고 고민해서 약 1ha의 땅에 자두나무, 사과나무, 감나무 등을 심었다. 군 입대 전에 농장의 기초를 만들겠다고 두 손을 불끈 쥐고 일을 했다. 하루 16시간 넘게 혹독하게 2년 동안 죽을 힘을 다했다. 잠깐의 서울 생활에서 터전이 없는 삶, 힘이 없는 삶이 얼마나 무력한 삶이 되는지를 깨달았기 때문이었다.

성장하는 과수들을 흐뭇하게 바라보면서 시간만 나면 야산을 개간하고 흙과 함께 생활하는 단순한 삶이 계속되었다. 몸을 움직여 땀 흘리는 생활이 특별히 싫지는 않았다. '농사'(農事)가 어느 정도는 적성에 맞았던 것 같다. 그러던 어느 날 전문적인 기술을 배워야 한다는 형의 권유로 대전에 있는 사립대학에 입학, 2년 과정을 마쳤다.

본격적으로 농업을 시작한 지 3년이 지난 1977년 입대를 하게 되었다. 육군 제1하사관학교에 차출되어 6개월간 고강도 유격훈련과 공수훈련을 받았다. 그리고 동해안 경비사령부 소속으로 GP와 GOP 철책 초소를 지켰다. GP 방책선 작전 공로로 대대장 표창을 받기도 했지만, 육체적으로나 정신적으로 다듬어지지 않았던 나는 매우 힘든 시간을 보내야 했다. 그러나 이 힘들었던 군 생활도 내게 삶에 대한 강인한 의지와 도전하는 용기를 준 선물 같은 귀한 시간이었다.

역사적 소용돌이 속에서(10·26 사태, 12·12 쿠데타) 군 복무를 마친 다음해가 1980년 봄이다. 나라 안에서는 '서울의 봄'이라고 일컬어지는 민주화운동이 들불처럼 번지고 있었다. 내게도 인생의 방향에 대해 깊이 고민할 수 있는 계기가 생겼다. 군 생활 동안 세상을 보는 눈이 넓어진 데다 가정적으로도 많은 변화가 있었기 때문이다. 학문의 길로 들어섰던 둘째와 셋째 형이 사립대학과 국립대학의 교수로 각각 임용됐고, 나는 이런 자식을 자랑스러워하는 아버지와 어머니를 목도하게 되었다. 자수성가한 분들이라 더욱 기뻐하셨던 것 같다. 그러나 이 시기에 큰형이 사업에 실패해 농장 일부가 매각되는 일이 발생했다. 이로 인해 아버지가 화병을 얻으셨고, 나는 5개월여 동안 병간호를 해야 했다. 군에 가기 전에 심었던 과수나무들은 관리가 제대로 되지 않아 엉망이 되고 말았다. 이 즈음 나는 새로운 도전을 계획하기 시작했다.

쌀자루 메고 가출

고민에 고민을 거듭한 끝에 공부를 해야겠다고 결심했다. 형들이 떠나고 내가 농장을 맡아 가업을 이어줄 것을 기대하던 부모님의 뜻을 저버리는 일이었지만 나의 의지는 확고했다. 장롱에서 예비군복을 꺼내 입고 석유난로 하나와 쌀 서 말, 고추장한 단지를 들고 유성에 있는 양지독서실로 무작정 들어갔다. 그리고 일단 시간이 걸리는 공부보다는 단기에 승부를 낼 수 있는 공무원 시험을 목표로 정하였다. 6개월여밖에 남지 않은 총무

처 7급(당시 4급) 공채와 9급(당시 5급) 공채에 응시하였다. 9급, 7급 모두 합격 통지를 받았다. 짜릿한 성취감을 맛봤다. 홀가분한 마음으로 고향에 내려가 과수를 정리하는 등 농장을 돌보며 발령을 기다렸다.

1982년 1월, 먼저 9급 공무원 발령이 났다. 첫 부임지는 천안시였다. 얼마 지나지 않아 7급도 발령이 나서 9급 공무원을 사직하고 경북 금릉군청(현재 김천시청)으로 근무지를 옮겼다. 그리고 다시, 다음의 진로에 대해 고민하게 되었다.

마침 방송대에 학사과정이 개설되어 나는 학사과정 1기로 입학을 했다. 그리고 기술고등고시(농업 분야)에 도전하기로 했다. 군청 담당업무는 근무시간에 최대한 빨리 끝내고 일과 후에는 자취방으로 뛰어가 1, 2차 시험 준비를 본격적으로 시작했다. 1984년에 기술고등고시 1차에 합격했다. 그러나 2차 시험은 낙방했는데, 커트라인에서 불과 0.5점 차이로 떨어졌다는 사실을 나중에 알게 되었다. 조금만 더 분발했더라면…. 최선을 다하지 못했던 나 자신을 한동안 질책했다.

이 즈음에 천안시에서 9급 공무원으로 근무할 당시의 내 상사였던 여인에게 청혼을 했고 성공했다. 결혼식을 올리고 신혼여행에서 돌아오자마자 곧바로 근무처 경북 금릉군청 군수님을 찾아갔다.

"이게 뭔가?"

"사직서입니다."

"자네 무슨 일 있는가? 아니면 무슨 불만이라도 있는가?"

"없습니다."

"그럼 왜 사직을 해?"

"공부 좀 해보고 싶습니다."

"공부라니 무슨 공부를?"

"기술고등고시에 도전해 보고 싶습니다."

"그럼 평상시에 준비라도 해왔다는 말인가?"

"1차는 합격했습니다. 2차를 제대로 준비해 보고 싶습니다."

사표를 내던 그날, 괜찮은 친구라고 어릿광대 같은 서툰 몸 짓 하나하나까지도 감싸주고 이해해 주던 군수님의 걱정스러 워 하시던 표정을 지금도 잊을 수가 없다. 하기야 세칭 일류대 학을 다니는 친구들도 고시 합격을 운칠기삼(運七技三)이라고 하는 마당에, 직장생활을 2년 반 동안 해오며 공부와는 거리 를 두었던 사람이 무모한 결정을 내렸으니 그런 걱정을 이해 하지 못할 바도 아니었다.

독학! 그것은 뼈에 사무치는 고독감과 수시로 찾아오는 좌 절감, 알 수 없는 대상에 대한 그리움으로 정신을 황폐화시키 는 길이기도 하다. 그래서일까? 고시에 대한 집념은 누구보다 더 강했고 치열하게 살았다. 기술고시 2차 공부를 다시 해야 한다는 각오로 계룡산 줄기(지금의 신도안 육군본부 자리)에 있었던 '삼동원'이라는 원불교 산하의 수련원으로 삭발을 하고 들어갔다.

다음해 응시한 기술고시 2차 시험에서는 평균점수가 커트라인에서 무려 5점이나 높았지만 선택과목인 전작(田作) 과목 시험문제 "옥수수의 opaque-2인자에 대하여 논하라."를 전혀 손을 대지 못해 과락으로 결국 낙방의 고배를 또다시 마셔야 했다.

영원히 손에 쥐지 못할지도 모르는 '합격'이라는 미로를 찾아 헤매야 했던 고독하고 설움 많은 3년여의 시간이었다. 허탈감이 몰려왔다. 지금 이 기간을 돌이켜보면 지나친 외곬의 길이 아니었나 하는 생각도 든다. 하지만 여한 없이 가장 치열하게 살아낸 시간이었다. 비록 그것이 초보단계의 중간목표에 불과할지라도 하나의 목표를 위해 20대 후반의 나이에 그만큼 치열하게 몰입할 수 있었다는 자체로 커다란 의미가 있었다고 생각한다.

3년여 고시준비 기간에 절에서 지낸 모든 생활비는 아내의 봉급으로 충당했다. 직장 상사가 아닌 부부관계였지만 여전히 상사 노릇을 한 셈이다. 지금 생각해 보니 가장으로서 참으로 염치없는 일이었다.

기술고시 단념하고 학문의 길로

비록 기술고시에는 실패했지만 자신감은 더 커졌다. 1987년 충남대 대학원 석사과정에 입학했다. 대학원에서 최재을 교수님을 지도교수로 모시게 된 것은 내게 큰 축복이었다. 최 교수님의 배려로 실험과 연구를 무난하게 진행했고 새로운 과제도 수행하게 되었다.

안정적 직업인 공무원을 그만두고, 기약 없는 공부가 이어지게 되어 가장으로서 부담은 커져만 갔다. 그런데 다행히도 석사과정 2년차에 방송대에서 조교로 일할 수 있는 기회가 생겼다. 그리고 자연스럽게 고시에 대한 미련을 '완전히' 버리고 학문의 길로 방향을 전환하게 되었다. 방송대 농학과 박순직 교수님의 따뜻한 격려 편지 한 통이 내 마음을 흔들었기 때문이다.

조교로 근무할 때인 1990년 농촌진흥청 연구사(6급 상당) 공개채용에 응시하여 합격했다. 준비된 공부가 아니면 얻을 수 없는 결과였다. 이처럼 어떤 실패는 다른 길의 새로운 출발점이 되기도 한다. 실패를 두려워할 필요가 없는 이유다.

몇 년 간 치열하게 준비했던 고시를 단념하고 대학원 석·박사 과정을 통해서 살아가는 길이 바뀌게 되었고, 수많은 시험에 나름대로 통과할 수 있었던 것은 고시 공부를 하며 생활한 3년여의 시간이 축적된 덕분이었다고 생각한다. 석사과정 동안에는 '자기관리'라는 생각으로 절에 살면서 방송대의 동계와 하계 15일간의 출석수업도 빠짐없이 소화할 수 있었다. 신혼생활을 시작한 상태에서 미래가 확실치 않은 '학문의 길'로 들어섰기에 책임과 부담을 상당히 느꼈다. 내적인 갈등과 고민으로 불면의 밤도 수없이 지냈다.

1989년 충남대 대학원 박사과정에 입학했다. 박사과정 2년차부터 농촌진흥청 연구직 발령이 나서 농촌진흥청 국립식량과학원에서 연구하게 되었다.

농촌진흥청에서는 그야말로 신나게 일했다. 대한민국 최고의 농업 연구 시설과 인력이 있었기 때문이다. 이런 풍부한 환경에서 연구를 할 수 있는 기회는 처음이어서 더욱 행복했고, 가끔은 눈물겹기까지 했다. 어릴 때부터 보아온 식물을 연구하면서 다른 사람들이 보지 못하는 것을 가치 있게 볼 수 있게 되었고 많은 창조적인 성과물을 창출해 내는 계기가 되었다. 벼가 사람 발소리를 듣고 큰다는 부모님 말씀을 과학적으로 해석한 것이 대표적인 사례였다. 아내가 근무하는 세종시에서 수원에 있는 농촌진흥청까지 12년간 출퇴근하면서 연구에 몰두했다.

1992년, 서울대 천연물과학연구소에 파견되어 5개월 동안 천연항산화물질의 추출 분리기술에 대하여 서울대 강삼식 교수와 연구할 기회가 주어졌다. 새로 시작하는 마음이라 그런지 실험기구를 닦고 실험실에서 일하는 것이 그렇게 좋을 수가 없었다. 낮에는 실험실에서 보내고, 밤에는 2평짜리 좁은 고시원 방에서 실험 결과를 정리하며 보낸 신나는 시간이었다. 1995년, 연구의 성과로 정부로부터 신한국인상(대통령)과 청민기술상(농촌진흥청)을 수상했다.

나는 누구보다도 국가시험제도의 덕을 많이 본 사람이다. 공정한 국가시험제도가 없었다면 나와 같은 사람의 오늘이 있었겠는가. 기회는 누구에게나 열려 있다.

일본과 미국으로 국비 외국유학

나는 누구에게 듣고 물어서 연구를 한 것이 아니고 오직 혼자서 보고 읽으면서 시작했다. 1993년 여름, 농촌진흥청에서 국비로 보내는 일본 나고야대학 식품과학부의 식품분석연수생으로 선발되었다. 그 당시 우리나라에서는 생소한 HPLC, GC-Mass, 초음파 분리기술 등을 배울 수 있는 기회였다. 농학이라는 생산기술과 최첨단 분석기술을 융합시키는 실험이었다.

이때 익힌 성분 분리 기술을 활용해 참깨 종자로부터 미량이면서 고기능성인 세사미놀(sesaminol)이라는 물질을 찾아 분리할 수 있게 되었다. 이때 참기름이 다른 기름과 달리 상(傷)하지 않는 이유를 밝히게 되었다.

서울대 강삼식 교수 연구실에서의 실험과 일본 나고야대학에서의 실험 연수 덕분에 나의 연구 수준은 한 단계 올라갔다. 식물이 가지고 있는 신물질을 추출하고 분리하는 기술 분야가 적성에 잘 맞는다는 것을 깨달았다. 관련 연구에 몰입했다. 노화 방지 및 암 예방 물질인 C3G(Cyanidin-3-glucoside) 색소 성분을 유색 쌀로부터 대량으로 추출하는 기술 등을 개발하여 미국, 일본 등 국내외에 특허를 출원하여 등록했다. 이러한 기술은 자연스럽게 쌀에 함유된 기능성 성분 연구로 이어져 관련 논문 100여 편을 발표할 수 있게 되었다.

1997년 국가연구재단의 국비유학생으로 선발되어 1년간 미국에 유학할 기회가 생겼다. 미국 뉴저지주립대 럿거스대학(Rutgers University) 식품과학부에서 유색 쌀에 들어 있는 다양한 안토시아닌 색소를 분리하고 기능을 평가하면서 보내는 동안 SCI 논문 3편을 게재하는 성과를 냈다. 이때의 품질 분석 연구가 후일 '기능성 쌀 국가 연구 프로젝트'의 기초가 되었다.

1999년 여름 농촌진흥청에 복귀하여 연구를 시작하는 과정 중에 일간신문에서 한국방송통신대학교 농학과 교수 공채 기사를 보게 되었다. 현직 교수를 포함하여 무려 15명 정도가 응모했고 이름을 대면 알 만한 분들도 많이 있어서 그다지 기대하지는 않았다. 하지만 최종 면접 대상 3명에 포함되었다는 통보를 받고는 자신감이 되살아났고, 면접시험 준비에 최선의 노력을 다했다.

모교 출신 첫 방송대 교수

교수 임용 통보를 받고 돌아가신 아버지 산소를 찾아갔다. 방송대 학보에는 "모교 출신 첫 방송대 교수"로 1면에 크게 보도됐다. 시인 데이비스는 "인생은 어부요, 흐르는 세월은 강물이다. 우리가 그 속에서 낚을 수 있는 것이란 오직 한 줌의 꿈이다."라고 노래했다. 즐겁게 연구에 몰두한 끝에 작은 꿈 하나가 이루어졌다.

방송대 농학과 교수로 임용된 후에도 '연구'와 '교육'이라는 두 마리 토끼는 여전히 나의 도전 대상이었다. 모교 출신 최초의 교수라는 점이 늘 부담이었다. 전임교수로서 최고의 혜택은 연구실을 혼자서 쓸 수 있다는 것이다. 열심히 하는 단계를 넘어 즐거움의 단계에 들어선 느낌이랄까? 내 삶의 새로운 지평이 열린 기분이었다. "과거의 내 생활은 오늘의 나를 결정하고 미래의 나는 오늘의 생활에 결정된다."는 평범한 진리를 되새기면서 학생들에게 누구보다도 애정을 주었고, 지금까지 해왔던 연구에 매진했다.

실험하는 과정에서도 성공보다 실패가 훨씬 많았다. 그러나 도전은 계속되었다. 교수로 임용된 다음해인 2000년, 노화억제 및 항암 쌀 연구 국가 프로젝트를 만들었다. 그 후 20년 가까이 농림축산식품부와 농촌진흥청의 프로젝트 책임자로서 수많은 시행착오와 성공을 반복하면서 많은 성과들을 냈다. 그중에서 검정쌀에 들어 있는 C3G 성분의 간이 분석법 개발과 C3G와 관련된 품종 및 환경, 유전 연구는 독보적인 것으로 평가받고 있다. 노화억제 쌀과 항암 쌀로서 10개 품종을 육성했다. 1개 품종을 만드는 데 보통 7~10년 소요되므로 70~100년은 걸려야 가능한 품종을 만든 셈이다.

교수로 재직하는 동안 국내외 특허 20개를 등록하는 성과를 내었는데, 거기에는 은사 박순직 교수님과 후배 한상준 교수, 권순욱 교수, 추상호 박사, 함태호 박사, 김혜자 여사, 박미영 선생의 노고와 열정이 있었기 때문에 가능했다고 늘 기억하고 있다. 무엇보다도 2010년 교육부장관으로부터 받은 '대한민국 100대 연구성과패'는 값진 성과였다. 또한 농학과 대학원을 만들고 석사학위자 제자 25명을 배출한 것은 보람 있는 일이었다. 2년여 동안의 대전·충남지역대학 학장과 충북지역대학 학장, 그리고 기획처장을 지내면서 대학 운영을 전체적으로 바라보는 눈을 갖게 되었다. 한편 아쉬운 일 한 가지는, 2013년 한국작물학회 회장을 맡았을 때 국가식량자급률을 당시보다 더 높게 올릴 수 있는 법안 제정을 추진하다가 시간에 쫓겨 이루지 못한 것이다.

도전, 대학총장 1순위 후보가 되다

방송대 교수로 임용된 지 15년이 지나며 연구도 자리를 잡고 학교 사정에도 눈뜨게 되자, 방송대의 새로운 역사를 쓰고자 하는 열망이 생겼다. 농학과에서 함께 쌀 연구에 매진한 은사님께서 어느 날 명예퇴직을 선언하고 퇴임을 하셨다. 정년이 보장된 대학교수가 후진들에게 자리를 내줘야 할 때라며 3년을 앞당겨 퇴임을 하신 것이다. 내게는 커다란 충격이었다. 그러나 한편으로는 내가 또 다른 결심을 하도록 하는 계기가 되었다. 1년간 고민한 끝에 은사님을 찾아가 총장 출마 결심을 말씀드렸다. 그랬더니 은사님께서는 극구 만류하면서 쌀 연구에 더욱 매진하라고 권유하셨다. 하지만 그대로 물러설 수가 없어, 한 번 더 찾아뵙고 출마 결심을 다시 말씀드렸으나 역시 만류하셨다. SKY 출신 교수가 다수인 방송대에서 방송대 출신 교수가 총장에 도전하는 것이 무모하다는 생각도 들었다. 나는 며칠씩 산행을 하면서 장고에 장고를 거듭했다. 방송대를 반석 위에 올려놓고 싶은 열망으로, 어려운 조건이었지만 그래도 총장에 출마하고 싶었다.

그간의 관행으로 볼 때 방송대 출신 총장을 배출하기엔 학내 상황이 아직 덜 성숙된 상태라는 게 다수 의견이었다. 그렇지만 출마는 꼭 해야겠다고 은사님께 전화와 서신으로 말씀드렸다. 그러나 답을 주시지 않았다. 고민이 되었지만 이미 마음속으로는 출마를 결심하고 있었다. 방송대 발전 4개년 계획을 만들어 공약으로 내걸고 총장선거에 뛰어들었다.

국립대 총장후보자 선출 규정과 절차에 따라 공탁금 2,000만 원과 서류를 구비하여 등록하고 두 번의 후보자 학내토론회와 질의응답 등의 과정을 거쳐 공약을 발표했다. 공약의 제목은

'G2G프로젝트'(Good to Great Project)였다. 좋은 대학을 넘어 위대한 대학을 만들겠다는 포부였다. 후보 연설의 마지막 1분 멘트는 이렇게 했다.

존경하는 방송대 가족여러분!

총장 출마의 소견은 세 가지입니다.

첫째, 다섯 후보 중 제가 키가 가장 작습니다. 그 이유를 생각하니 낮은 자세로 겸손하라는 의미라고 생각했습니다. 둘째, 제가 평생 공부한 전공이 먹거리인 쌀입니다. 먹거리는 그냥 만드는 것이 아닙니다. 만들어 본 사람이 만듭니다. 저는 먹거리를 어떻게 만들어낼지 많은 연구를 통해 실패와 성공을 경험했습니다. 먹거리인 쌀 품종을 개발하듯이 우리 대학의 먹거리를 구호가 아닌 실제적으로 만들어 내겠습니다. 마지막으로 우리 대학 출신으로서 우리 대학 구성원의 자긍심과 자존감을 구현하는 데 최선을 다하겠습니다.

제7대 총장 임용후보자 공약 자료집 표지

2014년 7월 11일 제7대 총장후보자 선거가 실시되었다. 1차 선거에서 46%, 2차 선거에서 62%를 차지해 1순위 후보로 당선되었다(관련보도는 부록 188쪽 참조). 당선 소감으로, "존경하는 방송대 가족 여러분! 제7대 방송대 총장으로 임용되면 저는 낮은 자세로 우리 대학의 먹거리를 만들고 구성원들의 자긍심과 자존심을 구현하는 데 앞장서겠습니다."라고 반복하여 외쳤다.

그리고 1개월에 걸쳐 학교 자체 연구윤리위원회를 거쳐 교육부에 인사검증자료를 제출했다. 국정원과 청와대로부터의 검증 질의에 대한 답변도 성실히 했다. 임기 개시일이 다가옴에 따라 보직 인선을 마무리하고 발표도 했다. 부서별 업무 일정도 보고받았고, 총장실 명패도 업체에서 시안을 만들어 보내왔다.

2장

국가권력에 맞서다

대학이 뽑은 총장, 교육부가 거부하다

2014년 9월 29일은 국립 한국방송통신대학교의 제7대 총장의 임기가 시작되는 날이다. 당일 아침 황당한 일이 일어났다. 임명장 받으러 오라는 연락 대신, 추천한 후보자가 모두 부적합하니 재선정해서 추천하라는 내용의 공문이 행정망을 통해 전달되었다.

관련법과 규정에 근거해 적법하게 선출된 총장 임용후보에 대해 부적합 이유를 밝히지 않은 채 임용제청을 거부하고 재선정해서 추천하라는 것이었다. 방송대는 혼란에 휩싸였다. 이때 상황을 요약한 〈방송대신문〉(2014.10.06.) 보도기사는 다음과 같다.

우리가 뽑은 총장, 교육부가 거부

임용제청 하지 않은 사유는 공개 안 돼

오늘(6일) 교수회의에서 대응 논의키로

42년 방송대 사상 초유의 사태가 일어났다. 상당 기간 동안 학교가 총장 없이 운영돼야 하는 상황이 발생한 것. 지난 9월 29일 교육부가 총장임용후보자 1순위(류수노 교수), 2순위(김○○ 교수) 모두 임용제청 하지 않는다고 우리 대학에 통보했기 때문이다. 이와 함께 총장임용후보자를 재선정해 추천해야 함을 알려왔다.

이는 「교육공무원법」 제24조 제6항에 따라 개최된 교육공무원인사위원회 심의 결과. 국립대학총장임용은 교육공무원법에 따라 해당 대학의 추천을 받아 교육부장관이 제청한 후 대통령의 재가로 최종 결정된다. 이때 교육부장관이 대학의 장을 임용제청하기 위해서는 교육공무원인사위원회에 자문하여야 한다.

사실상 교육부에서 거부해 안행부와 국무회의의 심의를 거치지 못한 상황. 교육부가 우리 대학 총장임용후보자 2명 중 누구도 임용제청 하지 않은 이유는 알려지지 않았다. 통상적으로 국·공립대 총장 인준에 관련된 내용은 외부로 공개되지 않는다. 교육부는 "교육공무원인사위원회 심의 결과 방송대가 올린 두 후보 교수 모두 부적합 판정이 내려졌다"

며 "위원회 심의과정과 내용은 비공개를 원칙으로 하기 때문에 판정 이유를 공개할 수는 없다"고 말했다.

이와 관련해 대학당국은 지난 9월 29일 긴급 보직자회의를 열었고, 이후 오늘(6일) 교수회의를 열어 대응책을 논의할 것을 결정했다. 이미 지난 9월 28일로서 조남철 전임 총장 임기가 끝났지만, 교육부의 총장임용후보자에 대한 임용제청 절차가 지연되면서 29일부터 이동국 부총장이 총장 직무대행을 맡아왔다. 이번 사태로 총장 직무대행체제가 장기화될 것으로 보인다.

한편 우리 대학 총장임용후보자 1순위로 선정된 류수노 농학과 교수는 "학내에서 합당한 절차를 거쳐 선정된 총장임용후보자에게 이유를 공개하지 않고 '부적합'하다는 결과만 공문으로 내려보낸 것은 이해하기 힘들다"는 입장을 밝혔다.

박근혜 정부가 들어서면서 대학총장 선출시 직선제의 폐해가 크다며 간선제로 바꾸었다. 교육부의 방침에 39개 국립대학이 모두 이에 따랐다. 그리고 교육부 가이드라인에 따라 총장임용추천위원회를 꾸리고 총장 임용후보자를 선출했다. 그럼에도 이런 일방적인 통보를 받았다. 직선제하에서는 대학자치를 존중한다는 의미에서 교육부장관의 제청 행위는 절차적인 의미 정도였는데, 박근혜 정부하에서는 실제적인 권한을 행사한 것이다. 당시 공주대 총장 1순위 후보도 부적합 통보를 받아 행정소송 중이었고, 한국체육대도 임용 거부로 19개월째 총장 공석 상태였다.

이 과정에서 정말 괴로웠던 것은 루머였다. 교육부가 공개적으로 밝힐 수 없을 정도로 내가 뭔가 파렴치하거나 부도덕한 행동을 했을 거라는 루머들이 학내외에 떠돌았다. 사태 초기에는 가까운 분들과 만나는 자리가 있을 때면 이런 루머를 반박하거나 상황을 설명하기도 했다. 그러나 곧 그것이 경박스럽고 가치가 없는 일이라는 걸 깨달았다.

「그날이 오면」

그날이 오면 그날이 오며는
삼각산이 일어나 더덩실 춤이라도 추고
한강물이 뒤집혀 용솟음칠 그날이 (중략)

그날이 와서 오오 그날이 와서
육조 앞 넓은 길을 울며 뛰며 딩굴어도
그래도 넘치는 기쁨에 가슴이 미어질 듯하거든 (중략)

우렁찬 그 소리를 한 번이라도 듣기만 하면
그 자리에 꺼꾸러져도 눈을 감겠소이다.

조금 과상해서 비유하자면, 민족시인 심훈이 해방을 간절히 기다리는 마음으로 쓴 「그날이 오면」 시 구절 못지않게, 나는 총장 후보자로서 뒤집어쓰게 된 억울한 누명으로부터 벗어나야겠다는 마음이 간절했다. 당나라 말기 해하에서 패한 항우가 오강에 이르렀을 때, 이곳을 지키던 정장이 항우에게 말했다.

　"강동 땅이 비록 작기는 하나 그래도 수십만 인구가 살고 있으므로 충분히 나라를 이룰 수 있습니다. 어서 배를 타십시오. 소인이 모시고 건너가겠습니다." 그러자 항우가 대답했다. "옛날에 내가 강동의 8천명 젊은이들을 데리고 강을 건너 서쪽으로 향했었는데, 지금은 한 사람도 남아 있지 않다. 내가 무슨 면목으로 그들 부모형제를 대한단 말이냐?" 그러고 나서 타고 온 말을 정장에게 주고 스스로 죽음의 길을 택했다. 그의 나이 겨우 서른, 그의 최후가 처참했다는 생각이 없지 않았다. 이를 두고 당나라 시인 두목(杜牧)은 「오강정에서」라는 시를 남겼다.

　"이기고 지는 것은 병가라도 기약할 수 없으며, 부끄러움을 포용하고 치욕마저 인내하는 것이 남아의 기상이거늘, 강동의 사람 가운데는 영웅호걸이 많으니, 이들을 모아서 큰 기세로 다시 일어섰더라면 항우의 최후가 그렇게 비참하지는 않았을 것이다(勝敗兵家不可期 包羞忍恥是男兒 江東子第多樣傑 卷土

重來未可知)."

이 시 한 수가 내게 또 다른 희망의 메시지가 되었다.

국립대 총장 임용거부

시간이 지나면서 교육부의 대학 길들이기에 대한 실상이 밝혀지기 시작했다. 그러면서 언론들이 총장 임용거부 정국에 대한 의견들을 하나둘씩 보도하기에 이르렀다(부록 190-197쪽 참조).

조선일보가 "관(官)이 아무리 힘세도 이래도 되나"라는 제목의 칼럼으로 포문을 열었다(최보식, 2014. 10. 10.).

국민일보는 "교육부, 국립대 총장 임용제청 잇단 거부 눈총… 대학 길들이기?/ 벌써 4번째… 대학 '인격 모독·자치권 침해' 비난"이라는 제목으로, 경북대 총장 후보 제청 거부 사태와, 총장 공석으로 학사운영에 차질이 생겨 대학들이 반발하고 있으며, 교육부가 사법부의 판결까지 무시하며 국립대학 길들이기를 하고 있다는 불만에 대해 보도했다(최영일, 2014. 12. 18.).

동아일보는 "국립대 총장 임용 줄퇴짜/ 이러니 비선 의혹 나오는 것"이라는 제하의 사설(2014. 12. 19)에서, 교육부 고위

관리가 "교육부가 해결할 수 있는 문제가 아니다. 청와대로 가라."는 말을 했다는 증언을 보도하면서 국립대 총장 선임에 관여하는 것이 대통령의 뜻인지, 아니면 비선에서 이뤄지는 일인지 청와대가 분명히 밝힐 필요가 있다고 지적했다.

중앙일보는 "국립대 총장 임명 공백, 왜?"라는 제하의 칼럼(김성탁, 2014. 12. 26.)에서, "교육부의 처사는 정당성을 확보하지 못했다. 후보자의 심각한 하자를 발견했다면 교육부는 수사기관에 고발하든지 했어야 한다. 국립대 교수는 세금으로 봉급을 받는 공무원 신분인데 감독기관인 교육부가 알고도 눈감아 준 셈이기 때문이다. 중대한 결함이 아닌데도 임용 제청을 거부한 것이라면 후보자의 정치적 성향을 문제 삼는다는 세간의 의혹을 벗기 어렵다."면서 국가보안법 폐지 성명에 서명한 적이 있는 경북대 총장 후보자와 2009년 이명박 정부 규탄 교수 시국선언에 참여한 적이 있는 내 이력을 사례로 들었다. 그러면서 '청와대 개입설'이 사실이라면 "지성의 전당인 대학에 대한 모욕이다. 정권이 바뀌면 또다시 그 성향에 맞는 총장을 앉히려는 시도가 나타날 것"이라고 우려했다.

한겨레는 "'친박' 국립대 총장 세우려는 집요한 압박"이라는 제목하의 사설(2015. 3. 6.)에서, 교육부로부터 네 차례나 거부당한 끝에 '친박' 정치인인 김○○ 전 새누리당 의원을 총장 후보로 추천하자 교육부는 기다렸다는 듯이 총장으로 임용한 한국체육대학교의 사례를 들고, 교육부가 그동안 국립대 총장 후보들을 잇달아 거부했던 게 정권의 입맛에 맞는 인물에게 그 자리를 내주려는 의도였다고 꼬집었다. 이어서 "해결책은 정치권이 나서서 이 사태를 누가, 왜, 어떻게 주도하고 있는지 명백히 밝히는 길밖에 없다. 대학의 자율성이라는 헌법적 가치가 걸린 문제이고, 장기간의 총장 공백으로 피해를 입는 학생들이 있는 만큼 더 이상 방치해선 안 될 일"이라고 지적했다.

뜻밖의 투서, 흔들리면 안 돼

예정됐던 총장 취임일이 지나면서 온갖 루머가 학내외에 퍼졌고, 투서도 뿌려졌다. 그 중에서 교육부의 총장임용 거부 시점에 청와대와 국정원, 언론사를 대상으로 대대적인 투서 살포가 이루어진 것을 우연히 알게 됐다. 투서 봉투에 수발신자를 엉성하게 기재하는 바람에 투서 중 일부가 내 앞으로 반송된 것이다. 투서는 치졸함을 넘어 허무맹랑한 내용이었다. 부동산 투기, 논문 표절, 방송대 학력 세탁, 사기 등을 열거한 A4 용지 5장 분량이었다. 국가가 보관하고 있는 나의 인사기록을 열지 않으면 알 수 없는 내용들이 교묘히 편집된 것이었다. 이렇게 국가기관에 뿌려졌다가 내 손에 들어온 투서 20통을 지금도 보관하고 있다.

　대대적인 투서사건에 대해 경찰과 당시의 특검에 고발하고 수사의뢰를 했다. 작성된 종이와 발송 장소를 통해 학내 구성원이라는 것을 확인하는 단계에 이르렀다. 담당 부서에서 수사를 개시한다는 연락이 왔다.

　누가, 왜 그랬을까? 나는 고민에 빠졌다. 공직사회에서 있을 수 없는 일이었다. 안타깝고 슬픈 현실에 잠을 이루지 못했다. 영장이 발부된다면 학내는 쑥대밭이 될 것이 자명했다. 주위의 가까운 분들과 상의했다. 많은 분들이 영장이 발부되면 학내가 분열되어 리더의 덕목에 큰 상처가 될 것이라고 조언해 주었다. 배신감에 휩싸여 고발할 때의 그 분개심과 영장발부 이후의 현실이라는 두 수레바퀴 사이에서 며칠을 보냈다. 견디기 힘든 시간이었지만, '작은 일에 매달려서는 큰 일을 도모할 수 없다'는 평범한 진리를 되새기면서 수사 개시에 동의하지 않는다고 통보했다.

　당시 교육부장관은 국회 교육위(2014년 국정감사, 2014. 10. 8.; 부록 212쪽 참조)에 출석해서 국회의원의 질의에 대해 방송대 총장 임용제청을 거부한 것은 후보자의 개인적인 일이라 공개적으로 밝힐 수 없고 개인적으로 알려준다고 답변했다. 그러나 7년이 지난 오늘까지도 내게 알려주지 않고 있다. 장관으로서 국회 국정감사의 답변으로 한 발언에 대해 이렇게 무책임해도 되는 것인지 그에게 묻지 않을 수 없다.

그 후 얼마 지나지 않아 평소 잘 알고 지내던 국회의원으로부터 소식을 듣게 되었다. 교육부장관은 임용거부는 자기가 한 것이 아니고 BH에서 한 것이고, 국회에서는 그렇게밖에 말할 수 없었다고 했다고 전해 주었다. 하나의 거짓말을 합리화하기 위해서는 열 가지 거짓말이 필요하다는 옛말이 허구가 아님을 알게 되었다. 일구이언하는 사람이 이 나라의 교육을 책임지는 장관(부총리)이었던 것이다.

이 세상에 투서꾼 말고도 사기꾼들이 그렇게 많은 줄은 그즈음에 처음 알게 되었다. 국정원을 사칭하는 학생, 문제를 해결해 주겠다는 전직 정치인들, 종교단체 임원들 …. 사람 만나는 것이 두려워지기까지 했다. 그러나 한편으로 투서 사건을 겪으며 학내 구성원들과 소통을 강화해야겠다는 생각이 불현듯 들었다. 어려울 때일수록 허심탄회한 소통이 중요하다 생각되어 학교의 온·오프라인 게시판에 다음과 같은 내용으로 글을 써서 구석구석에 붙였다.

존경하는 교수님과 직원 선생님·재학생·졸업생 여러분께

존경하는 교수님과 직원 선생님 그리고 13만여 재학생·61만여 졸업생 여러분!

그동안 총장 임용제청과 관련하여 심려를 끼쳐 드린 점에 대해 송구한 마음을 전합니다. 또한 개인정보를 공개하면서까지 '총장 임용제청 촉구' 서명에 참여해 주신 80,000여 대학구성원 및 졸업생 여러분께 머리 숙여 감사를 드립니다. 조만간 서명지는 교육부 등 관계기관에 전달하겠습니다.

교육부의 이유 없는 우리 대학 총장 임용제청 거부처분의 위법성 여부에 대하여 현재 대법원 특별2부에서 심의하고 있습니다. 대다수의 법률가들은 이번 소송이 상식적이고도 합리적인 사고를 지닌 보통사람이라면 누구라도 그 결과를 예측할 수 있는 사안이라고 합니다.

저는 교육부가 어떤 이유로 대통령께 총장 임용을 제청하지 않는 것인지 전혀 설명을 들은 바 없습니다. 저는 대한민국의 중도 보수시민의 일원으로서 오로지 농업과학연구와 대학의 발전에만 힘써 왔습니다. 지금까지 저는 농학자로서 살아오면서 연구와 교육 관련분야 외에 어느 분야에도 한눈팔지 않고 학자의 길만을 걸어왔습니다. 그리고 바른 민주사회의 일원으로서 건전하고 바르게 살아왔습니다.

우리 역사상 처음으로 국민의 굶주림을 면케 해 준 녹색혁명은 '통일쌀'의 개발과 보급입니다. 바로 그 전통을 이어 15년에 걸쳐 제가 연구 개발한 '슈퍼자미(紫米)'를 비롯한 7개의 쌀 품종은 미국과 일본에 특허등록과 품종등록이 완료된 고기능성 쌀입니다. 이러한 연구성과로 '2010년 교육부 선정 대한민국 100대 연구 성과패 수상'과 '대한민국 과학기술대상' 등을 수상한 바도 있습니다. 저는 스스로 부단히 노력하여 이룩하고 평가받은 이러한 성과들을 자랑스럽게 생각하고 있습니다.

우리는 과거를 거울삼되 미래를 향한 걸음을 멈출 수 없습니다. 끊임없이 덧나는 상처로 인해 우리 가슴을 아픔과 분노로 채우는 것을 지켜보고만 있을 수 없습니다. 장애물들을 우리 대학의 자긍심과 자부심으로 넘어서야 합니다.

대학과 사회의 민주화를 외치며 유명을 달리한 부산대학교 고 고현철 교수에게 삼가 애도를 표합니다. 고 교수는 유서에서 "교육부의 방침에 따라 총장후보를 선출해도 마음에 들지 않는다는 이유로 그 후보를 임용하지 않는 상황이라면 대학의 자율성은 전혀 없고 대학에서 총장후보를 선출하는 과정에서부터 오직 교육부의 눈치를 볼 수밖에 없다는 점이 문제이다. 이는 민주주의의 심각한 훼손이 아닐 수 없다"고 밝히고 있습니다. 이는 가장 기본적인 절차적 민주주의조차 무시하고 있는 교육부의 처사에 항거하는 처절한 절규임과 동시에 그동안 진행된 총장 임용제청 거부 처분에 대한 소송에서 각급 재판부기 판시한 핵심 논거이기도 합니다. '총장 임용제청 거부 처분'의 본질을 파악할 수 있도록 우리 대학 판결문뿐만 아니라 동일한 내용으로 법적 다툼을 벌이고 있는 공주대와 경북대의 판결문도 저의 홈페이지 자료실(http://faculty.knou.ac.kr/~ryusn)에 올려놓았습니다.

존경하는 교수님과 직원 선생님 그리고 재학생·졸업생 여러분!

우리 대학 구성원 모두가 하루빨리 대법원의 판결이 나오기를 고대하고 계실 것입니다. 대법원의 판결에 따라 우리 대학이 정상화되어 총장 직무를 수행하게 되면 공약에서도 말씀드린 대로 우리 대학의 교육·연구 환경의 질적 향상과 대학재정 자립의 기초를 다지고, 강하고 위대한 방송대가 될 수 있도록 변화와 개혁에 저의 역량을 모두 바치겠습니다.

여러분의 건승을 기원합니다. 감사합니다.

2015년 8월 27일

한국방송통신대학교 제7대 총장 임용 후보자 류수노 드림

성찰의 시간 4년 1개월

사태가 장기화되면서 총장 임용제청이 거부된 경북대와 공주대 1순위 임용후보자와 논의 끝에 공동 대응하기로 합의했다. '국립대 총장임용 정상화 공동대책위원회'를 만들어 '국공립대학 총학생회'와 함께 2015년 4월 3일 서울 여의도 국회에서 기자회견을 열었다. "교육부는 국립대 총장 임용을 즉각 정상화해 학문의 자유와 대학의 자치를 보장해야 한다."고 촉구했다. 이어 총장임용 후보자가 제기한 '임용제청 거부 취소소송'에 대한 대법원 상고를 포기하고 조속한 총장임용 후보자 임명제청, 대학의 자치권과 공무담임권을 존중하라고 교육부에 요구했다.

이 기자회견에 참석한 국공립대 학생 150여 명도 교육부를 향해 비판의 목소리를 쏟아냈다. 공주대 학생회장은 "올해 2월 경북대, 공주대, 방송대의 석·박사 졸업생들은 '총장직무대리'가 수여한 졸업장을 받아야 했다."며 취업시에 차별을 받을까 걱정이라고 총장 공백 사태로 인한 문제를 지적했다. 이날 방송대 학생들은 재학생과 졸업생 5만여 명으로부터 총장 임용을 촉구하는 서명을 받아 새누리당 대표에게 전달했다.

2016년 2월이 되자 총장 공석인 국립대가 10곳에 이르게 되었다. 이 당시의 상황을 2016년 2월 15일자 중앙일보 사설이 핵심을 잘 짚어주었기에 여기에 인용한다.

국립대 10곳 총장 공석 … 교육부 길들이기 지나치다

오는 19일 경북대를 졸업하는 학생들은 총장 이름으로 된 졸업장을 받지 못한다. 대신 총장 직무대리(부총장) 직인이 찍힌 졸업장을 들고 캠퍼스를 나서야 한다. 2014년 9월 이후 18개월째 총장이 공석이어서 생긴 일이다.

이런 상황에 놓인 국립대가 전국 41곳 중 10곳이나 된다. 경북대·공주대·한국방송통신대는 교육부가 총장 후보자를 특별한 설명 없이 퇴짜를 놓는 바람에 2년 가까이 파행을 겪고 있다. 세 대학 후보자는 교육부 장관을 상대로 사유를 밝히라며 행정소송 중이다. 강원대·경상대·부산대·전주교대·진주교대·충남대·한국해양대 등 7곳도 교육부가 임명을 보류하는 등의 여파로 직무대리 상태다.

사태가 이 지경이 된 데는 교육부의 과도한 대학 길들이기 탓이 크다. 국립대 총장은 장·차관급 예우를 받는다. 대학이 후보자를 교육부에 추천하면 교육부가 대통령에게 임용 제청해 대통령이 임명한다. 그간은 직선이 대세였는데 공약 남발 등 부작용이 심해지자 교육부가 재정 지원을 미끼로 간선 전환을 밀어붙였다. 직·간선을 모두 인정한 교육공무원법도 다음 달까지 간선제로 개정한다. 그런데 교육부는 직선이든 간선이든 입맛에 맞지 않는 인물이 올라오면 퇴짜를 놓거나 제청을 미룬다. 부산대는 지난해 8월 간선 반대 교수의 투신을 계기로 직선으로 후보를 뽑았지만 여태껏 임명하지 않고 있다. 공주대는 간선 후보가 '총장 임용제청 거부 처분' 행정소송 1, 2심에서 모두 승소했는데도 교육부가 대법원 판결을 받아보겠다며 버티고 있다.

총장 공석으로 인한 피해는 심각하다. 경쟁력 강화를 위한 비전 수립은커녕 땜질식 운영으로 '식물 대학' 신세가 되고 있다. 교육부는 언제까지 대학 길들이기를 즐길 셈인가. 후보자의 이념 성향이나 품위유지 규정 위배, 개인 비위 등 항간의 설(說)을 명확히 밝히고 신속히 파행 운영을 바로잡아야한다. 국립대 총장은 공인인 만큼 사생활 보호를 이유로 밝힐 수 없다는 교육부의 변명은 궁색하다. 행여 청와대 눈치만 보는 것이라면 국민 세금으로 운영하는 대학을 망치고 있는 것이다. 총장 공석 사태를 조속히 해결하기 바란다.

거리로 나선 동문과 학생들

2014년 12월 17일, 성준후 방송대 총장 임용촉구 추진위원장을 필두로 위계점 전국 총동문회장이 주도하에 '총장 임용제청을 위한 방송대인 응원 대축제'를 개최하고, 총장 임용제청 촉구 서명운동에 불을 지폈다. 이에 전국 총동문회와 총학생회, 각 지역 동문회와 학생회가 발 벗고 나섰고, 10개월 만에 서명자 11만 명을 달성했다. 이 서명부는 국회, 교육부, 청와대에 전달됐다. 전국의 지역대학마다 대형 현수막이 나붙었고, 동문과 재학생이 하나가 되어 연일 총장 임용촉구 집회가 전국적으로 일어났다. 부산 지역에 출석수업을 하러 갔을 때는, 학생들이 '이겨 내라'는 격려의 박수를 뜨겁게 보내 줘서 강의 도중에 감정을 억제하느라 애를 먹기도 했다.

대학로 대학본부 광장의 총장 임용촉구 응원 대축제에서 이석환, 양갑동, 장영주 학생회장 등 많은 학우들의 삭발식이 이어졌다. 특히 긴 머리 여학생의 삭발투쟁이 이어지는 장면을 카톡으로 받고 눈물이 핑 돌기도 했다. 또한 동문들이 성금을 모아 경향신문과 중앙일보에 광고를 내기도 했다. 이렇게 열과 성을 다하여 몸과 마음을 모아서 나를 지지해 주는 동문과 학생들을 보면서 가슴이 벅차올랐다.

그러나 한편으로는 나로 인해 강추위 속에서 많은 사람들이 고생하고 있다는 생각이 들어 마음이 무척 무거웠다. 밤잠을 설칠 때가 많아졌다. 여기서 멈추는 게 맞는 게 아닐까 하는 생각이 수시로 들었다. 참으로 이겨 내기 어려운 시간들이었다. 정말 힘들 때는 지리산, 한라산, 설악산 등 전국의 유명산을 오르내리면서 폐목강심의 시간을 보냈다. 일일이 다 거명할 수는 없지만 총장 임용제청 촉구를 위해 처음부터 끝까지 노력해 준 위계점, 채규희, 최대호, 빈원영, 성준후, 장예선, 전태산, 이영경, 손현례, 안주성, 양정덕, 최길석, 최병탁님을 비롯한

방송대 부산지역대학 총학생회가 제작한 총장 임용촉구 서명 운동 홍보 포스터(위쪽)와 부산지역대학에 걸린 임용촉구 현수막.

11만 8천여 명이 서명한 총장 임용촉구 서명부.

2014년 12월 17일, 서울
대학로 방송대 대학본
부에서 열린 총장 임용촉
구대회와 삭발식 장면.

2015년 1월 13일 열린 총장 임용촉구 집회 장면.
위는 청와대 앞, 아래는 교육부 청사 앞.

2014년 7월 11일,
적법하고 민주적으로 선출된
총장 후보자를 방송대 총장으로
조속히 임명해 주시길
간곡히 호소 드립니다.

전국총학생회 대표 장예선
전국총동문회 대표 위계점
직원노동조합 대표 전태산
최병탁 동문의 헌신적 협조

동문들이 성금을 모아 경향신문에 게재한 총장 임용촉구 호소문(2017. 12. 26).

전국의 방송대 지역 동문회장과 학생회장들을 생각할 때마다 마음이 뭉클해진다.

대학로에 모인 동문과 학생들의 총장 임용촉구 집회 소리가 연구실까지 들려올 때면 뛰는 가슴을 진정시키고자 애썼다. 선현들과의 대화가 필요했다.

> 잠룡(潛龍)은 덕을 드러내지 않고 꾸준히 공부하여 수신(修身)하는 자이니
> 세상일로 마음을 바꾸지 아니하며 자기 이름을 드러내려고 하지 않으며
> 세상을 은둔해 살아도 고민하지 않으며,
> 자신을 옳게 보아주지 않아도 근심하지 아니하여 즐겁게 도(道)를 행하여 근심하지 않고,
> 하늘의 뜻을 따르려는 그 마음가짐이 확고(確固)한 것이 잠룡이라
> 初九曰 潛龍勿用 何謂也 子曰 龍德而隱者也 不易乎世 不成乎名 遯世无悶 不見是而无悶 樂則行之 憂則違之 確乎其不可拔 潛龍也

『주역』을 조금이나마 읽은 덕분에, 조급해 할 필요가 없으며 장기적인 안목에서 기다릴 줄 아는 지혜가 생겼다.

『법구경』(法句經)에서 "전장에서 수천의 적과 혼자 싸워 이기기보다 자기를 이기는 자야말로 전사 가운데 최고이다(千千 爲敵, 一夫勝之, 未若自勝, 爲戰中上)."라는 문장과 『채근담』(菜根 譚)에서 "마음이 산란한 자는 심산유곡에서도 시끄러움을 피할 수 없고, 마음이 고요한 자는 시장에서도 적멸(寂滅)을 맛볼 수 있다."라는 글귀가 다가왔다. 선현들의 지혜가 몸으로 스며들어 새로운 용기로 작용했다.

3장

법에 정의를 묻다

법원의 두 얼굴

교육부가 총장 임용제청 거부 사유를 공개하지 않음으로써 온갖 루머에 시달리면서 억울함과 자괴감으로 불면의 나날을 보내고 있던 어느 날이었다. 평소에는 오전 7시면 도착하던 연구실에 그날은 외부 일정으로 10시쯤 도착했다. 책상에 낯선 보따리 하나가 놓여 있었다. 현금 5,000만 원이었다. 재판을 통해 꼭 명예회복을 하라는 아내의 격려 편지도 들어 있었다. 가슴이 뭉클했다. 여전히 아내는 인생 동반자로서 30여 년 함께 살면서 삶의 고비마다 내 편을 들어준 '나의 영원한 상사'였다.

살림을 아껴 모은 피 같은 돈이었지만 너무 괴로운 상황이어서 오래 망설이지는 않았다. 바로 변호사를 선임해 소장을 작성하고 2014년 10월 15일, 서울행정법원에 총장임용제청 거부처분취소 소송을 제기했다.

서울 서초동 대법원 청사 현관 벽에는 자유·평등·정의라는 단어가 새겨져 있다. 대한민국 헌법은 법관의 재판상의 독립을 보장하고 있다. 현행 헌법 제103조에 따르면, 법관은 헌법과 법률에 의하여 양심에 따라 독립하여 심판한다. 구체적인 쟁송에서 법관은 사법부 내외의 어떠한 개인이나 기관으로부터 간섭이나 개입 혹은 지침을 받아서는 안 된다. 일반적으로, 법관의 재판상 독립은 첫째, 소송당사자로부터의 독립, 둘째, 법원 내부로부터의 독립, 셋째, 타 국가기관으로부터의 독립, 넷째, 사회세력으로부터의 독립을 달성해야 한다고 본다.

여기에서 독립은 단순히 배타나 단절을 의미하는 것이 아니다. 위에서 언급한 '소송당사자로부터의 독립'이 소송당사자의 의견이나 주장에 대한 무시나 폄훼를 의미하는 것이 아니라는 말이다. 독립이란, 부당한 영향의 배제를 의미할 뿐, 합리적 근거에 입각한 정당한 영향은 마땅히 수용되어야 하며 법관은 이를 엄격하게 이해해야 한다.

저널리스트 권석천은 그의 저서 『두 얼굴의 법원: 사법농

단, 그 진실을 추적하다』에서 "두 얼굴의 법원이 있다. 하나는 국민 앞에서 자유·평등·정의라는 공적 가치를 이야기하는 법원이 있고, 다른 하나는 대법원장을 받들고 사법부를 지켜야 한다는 조직논리로 움직이는 현실적인 법원이 있다."고 했다. 또 그는 "남에게 말할 수 없는 비밀을 공유하는 사람들에게는 일을 함께 하면서 조직논리가 시작된다. 조직논리의 중심에는 공범의식이 강하게 지배하고 있다."고 했다.

한국방송통신대학교 총장 임용제청 거부사건에 대한 서울행정법원, 서울고등법원, 대법원, 파기환송심(서울고등법원)의 판결은 그야말로 '두 얼굴의 모습'이다. 오늘날 민주주의가 위기를 맞고 있는 이유는 제도의 결함이라기보다는 제도를 운영하는 사람의 잘못이 아닐까 한다. 허점 없는 완벽한 제도는 없다. 따라서 제도의 성패는 그것을 운영하는 사람의 문제로 귀결된다.

2014년 이후 교육부의 국립대 총장 임용제청 거부사건의 재판과정에서 자유·평등·정의의 공적 가치는 심각하게 훼손되었다. 또한 법원은 국립대학 총장 후보자의 선거과정과 소송과정에서 제기된 문제에 대하여 관련 재판이 종료된 현 시점까지 진실을 말하지 않고 있다.

이 책을 쓰고, 여기서 이런 이야기를 하는 이유 중의 하나는 법관이 누구냐에 따라서 진실이 호도되는 부조리한 상황을 체험한 사람으로서 이제 과거의 일이 되었다고 그냥 덮어 둘 수는 없었기 때문이다.

지록위마 2심 판결

국립대 총장 임용제청 거부사건 소송에서 공주대 1·2·3심, 경북대 1심, 방송대 1심 등 재판에서 원고(총장후보자)의 승소로 정부의 총장임용제청거부처분취소 판결을 받았다. 교육부가 이유를 밝히지 않은 채 총장 임용제청을 거부한 것이 잘못됐다는 것이다. 즉, 행정절차법 제23조 제1항에 위배되어 위법하다는 것이다. 그런데 유일하게 방송대 2심에서는 원고가 패소했다.

저널리스트 권석천은 『두 얼굴의 법원』을 통해, 양승태 대법원장과 박근혜 대통령 면담을 앞둔 2015년 8월경 사법부가 국정운영에 협조한 사례들을 폭로했다. 그중 국가경제발전을 최우선으로 염두에 둔 판결로 국공립대 기성회비 반환 사건이 있었고, 일제의 강제징용 등 여러 건의 재판거래가 대법원과 청와대 간에 이루어졌다는 것이다. 비슷한 시기인 2015년 7월에 방송대 총장임용제청거부 재판 2심이 서울고등법원에서 열렸다. 그리고 결과는 경북대·공주대 총장임용제청거부 재판에서 유지되어 온 논리를 완전히 뒤집는 판결이 내려졌다. 과연 우연의 일치였을까?

서울행정법원에서 열린 1심 판결에서는, "원고로서는 피고가 어떠한 근거와 이유로 원고를 임용제청하지 않은 것인지 전혀 알 수 없었고, 이 사건 요청에 불복하여 행정구제절차로 나아가는 데에 큰 지장을 받고 있다고 보는 것이 타당하다. 이 사건 요청은 행정절차법 제23조 제1항에 위배되어 위법하다."면서 "피고(교육부)가 2014. 9. 29. 원고(류수노 교수)에게 한 한국방송통신대학교 총장 임용제청 거부처분을 취소한다. 소송비용은 피고가 부담한다."(전문은 부록 198쪽 참조)라고 판결했다.

그런데 서울고등법원의 2심 판결은 지금까지 일관된 논리와는 전혀 다르다. 판단 근거는 크게 두 가지였다.

첫째, "재선정 요청(또는 임용제청 거부)이 행정처분에 해당하는지에 관하여"는 "한국방송통신대학교는 피고의 관할 기관에 속하는 영조물에 불과한 점, 피고는 해당 대학의 장 후보자 추천 후 인사위원회 자문을 반드시 거치게 되므로 후보자 추천 및 후보자 추천순위에 기속된다고 볼 수 없는 점 등에 비추어 보면, 한국방송통신대학교가 피고에게 대학의 장 후보자를 추천하는 행위와 피고가 한국방송통신대학교에 후보자를 재선정하여 추천할 것을 요구하는 행위는 임용권자인 대통령에게 임용제청을 하기 위한 전단계로서 감독기관과 관할기관 내부의 의사결정 과정에 해당할 뿐 그 자체만으로는 직접적으로 국민의 권리·의무가 설정·변경·박탈되거나 그 범위가 확정되는 등 기존의 권리상태에 어떤 변동을 가져오는 것이 아니므로 이를 행정소송의 대상이 되는 행정처분이라고 할 수는 없다."고 했다.

둘째, "원고에게 조리상 임용제청을 요구할 신청권이 존재하는지에 관하여"는 "행정청이 국민의 신청에 대하여 한 거부행위가 항고소송의 대상이 되는 행정처분에 해당하려면, 행정청의 행위를 요구할 법규상 또는 조리상의 신청권이 그 국민에게 있어야 하고, 이러한 신청권의 근거 없이 한 국민의 신청을 행정청이 받아들이지 아니한 경우에는 그 거부로 인하여 신청인의 권리나 법적 이익에 어떤 영향을 주는 것이 아니므로 이를 항고소송의 대상이 되는 행정처분이라고 할 수 없는바, 원고에게 피고를 상대로 임용제청을 요구할 조리상의 신청권이 있다고 볼 수 없다."고 했다.

국립대는 국가의 영조물로서 총장 임용제청 거부는 감독기관과 관할기관 내부의 의사결정 과정에 해당할 뿐이므로 행정소송의 대상이 되는 '행정처분'이 아니라는 취지였다. 사슴을 가리켜 말이라 일컫는 지록위마(指鹿爲馬)의 판결이다. 한마디로 능굴능신(能屈能伸, 기골이 없이 악의에 굴복하는 사람)의 사법이다. 국립대 총장 선출과정에 대한 법률과 규정 등을 완전히 무시하는 판결이었다. 법원이 정부의 머릿속을 들여다본 관심법(觀心法) 판결을 했다(전문은 부록 201-205쪽 참조).

뒷북, 파기환송심

총장 임기 개시 예정일이었던 2014년 9월 29일보다 41개월 늦은 2018년 2월 14일, 문재인 대통령으로부터 방송대 총장 임명장을 받았다. 3년여의 기간 동안 촛불혁명이 있었고, 정권이 바뀌었다. 대법원에 항소장을 접수한 지 34개월 만에, 총장으로 임명된 후 4개월 만인 2018년 6월 15일 마침내 "원심판결을 파기하고, 사건을 서울고등법원에 환송한다."라는 대법원 판결이 나왔다. 대법원의 판결은 서울 고등법원의 판결과는 달랐다. "원심판단에는 항고소송의 대상적격 및 처분성 등에 관한 법리를 오해하여 판결에 영향을 미친 위법이 있고, 이 점을 지적하는 상고이유 주장은 이유 있다."면서, "원심이 원용한 거부처분의 신청권 법리는 어떤 신청행위가 있고 행정청이 그에 대한 거부행위를 한 경우를 전제로 하는 것이어서, 이 사건에 원용하기에는 적절하지 않음을 밝혀 둔다."고 했다(전문은 부록 205-209쪽 참조).

이어 2018년 10월 25일, 서울 고법에서 파기환송심이 열렸다. 판결문은 다음과 같다.

주문

1. 제1심 판결을 취소한다.
2. 이 사건 소를 각하한다.
3. 소송총비용은 피고(교육부)가 부담한다.

이유

1. 피고의 본안 전 항변에 관한 판단

가. 피고는, 원고를 한국방송통신대학교(이하 '이 사건 대학'이라 한다)의 총장으로 임용제청하였고, 대통령은 2018. 2. 14. 원고를 이 사건 대학의 총장으로 임용하였으므로, 피고의 2014. 9. 29.자 임용제청 거부처분(이하 '이 사건 처분'이라 한다)의 취소를 구하는 이 사건 소는 더 이상 소의 이익이 없어 부적법하다고 주장한다.

나. 위법한 행정처분의 취소를 구하는 소는 위법한 처분에 의하여 발생한 위법상태를 배제하여 원상으로 회복시키고, 그 처분으로 침해되거나 방해받은 권리와 이익을 보호·구제하고자 하는 소송이므로, 처분 후의 사정에 의하여 권리와 이익의 침해 등이 해소된 경우에는 그 처분의 취소를 구할 소의 이익이 없다고 할 것이다(대법원 2005. 5. 13. 선고 2004두4369 판결 참조).

을1, 2호증의 각 기재 및 변론 전체의 취지에 의하면, 피고가 이 사건 처분 이후 원고를 이 사건 대학의 총장으로 임용제청하였고, 이에 대통령이 2018. 2. 14. 원고를 이 사건 대학의 총장으로 임용한 사실을 인정할 수 있는데, 이처럼 원고가 이 사건 처분의 취소를 통해 구하고자 하는 임용제청이 이미 이루어졌으므로 원고로서는 더 이상 이 사건 처분의 취소를 구할 법률상 이익이 없다.

2. 결론

그렇다면, 원고의 이 사건 소는 부적법하여 이를 각하하여야 할 것인데, 제1심 판결은 이와 결론을 달리하여 부당하므로, 제1심 판결을 취소하고 이 사건 소를 각하하되, 소송총비용은 피고가 부담할 것을 명한다.

판사: 김○○(재판장), 민○○, 이○○

이것이 사건 발생 후 4년 26일 만에 마무리된 판결의 결과다. 판결에 4년이 넘게 걸린 이유를 나는 알 수 없다. "지연된 정의는 정의의 부정이다."라는 말이 있다. 사법은 신속할수록 좋다는 법언(法諺)처럼 신속이 사법의 핵심가치 중 하나라는 것을 누구나 안다. 우리 헌법은 "모든 국민은 신속한 재판을 받을 권리를 가진다."고 규정한다. 절체절명의 상황에서 소를 제기했는데 판결을 미루기만 하다가 이제 소송 도중에 총장에 임용되었다고 하니 사건을 각하 처분하는 재판부에 과연 '정의'라는 게 있는지 의심하지 않을 수 없었다. 국가의 품격, 법원의 품격은 오간 데 없이 조직논리만 존재했던 건 아닐까?

소송 경과 요약(총 4년 26일 소요)

2014. 9. 29.   교육부 방송대 총장 임용후보자 재추천 공문 발송(1순위 후보자 : 류수노, 2순위 후보자 : 김〇〇)

2014. 10. 15.   임용제청거부처분취소 청구의 소 제기(서울행정법원)

2015. 1. 22.   1심 판결(서울행정법원) 원고(1순위 후보자) 승소

2015. 7. 21.   2심 판결(서울고등법원) 원고 패소

2018. 2. 14.	총장 임용
2018. 6. 15.	3심 판결(대법원). 원고 승소 취지로 파기 환송
2018. 10. 25.	파기환송심 판결(서울고등법원). 1심 판결 취소한다. 이 사건을 각하한다. 소송 총 비용은 피고(교육부)가 부담한다.

미국의 철학자 존 롤스는 반세기 동안 정의(justice)란 주제를 연구하는 데 매진한 학자다. 그의 출발점은 공정으로서의 정의다. 그는 대표작 『정의론』에서 정의의 원칙 세 가지를 제시했다.

첫째, '최대한의 자유평등원칙'으로, 정치적 자유, 결사의 자유, 사상의 자유 등 기본적 권리와 기회가 모든 시민들에게 평등하게 배분되어야 한다는 원칙이다.

둘째, '차등의 원칙'으로, 기본적 권리와 기회가 모든 시민들에게 평등하게 배분되어야 하지만 사회의 열악한 위치에 있는 최소 수혜자(least advantaged)들에게 최대한의 혜택을 보장하려는 목적을 위해 불평등하게 배분될 수 있다는 원칙이다.

셋째, '기회균등의 원칙'으로, 모든 사람들에게 직책 및 직위에 대한 공정한 기회균등이 보장되어야 한다는 원칙이다.

그는 정의를 사회적 합의를 통해서 공정한 규칙을 만드는 절차로 봤다.

총장 임용제청 거부사건은 기회균등의 원칙 위반이다. 현대 사회에서는 공정과 정의 개념을 단순히 분배의 공정성과 합리성을 넘어, 억압, 착취, 소수자 무력화, 폭력 등 사회의 구조적 억압과 제도적 차별을 해소하는 일에 국가적·사회적 노력을 하지 않으면 진정한 자유민주주의는 요원할 수밖에 없다. 정의를 자기편에만 유리하게 선택적으로 적용한다면 그것은 정의가 아니라 불의다.

대한민국의 모든 권력은 헌법과 법률에 의해 행사 주체와 방법이 명확히 기술되어 있다. 하버드대 교수인 스티븐 레비츠키와 대니얼 지블렛은 『어떻게 민주주의는 무너지는가』에서 민주주의는 헌법·법률의 완전성으로 지켜지는 게 아니라 "법적 권한을 신중히 사용하려는 '제도적 자제'와 상대편을 통치할 자격을 갖춘 경쟁상대로 인정하는 '상호관용'이 있을 때 가능하다."고 주장했다.

판사 사회의 은어로 기교(技巧)사법이라는 말이 있다. 재판 결론을 미리 정해놓고 법 기술을 부려 논리와 증거를 짜 맞춘다는 말이다. 억지로 꿰맞추다 보니 판결에 비상식적인 논리가 동원되기도 한다. 법조계에선 이런 상황을 빗대 곡판아문

(曲判阿文)이란 신조어가 생겼다고 한다. 판사들이 법리를 비틀어 판결하는 것으로 세상권력과 세태에 아부한다는 말에서 나온 용어이다. 법을 출세수단이나 정치도구로 여기는 사람들이 법복을 오염시키고 있는 것이다. 법을 비틀고 장난을 친다. 상식으로 납득할 수 없는 내용이 너무 많다. 정의가 오염되고 있다. 사법정의마저 국민의 눈높이에서 멀어져 가고 있다.

진실 밝히고 책임져야

스티븐 레비츠키와 대니얼 지블렛은 앞의 책에서 "모든 성공적인 민주주의는 비공식적인 규범에 의존한다. 비록 이러한 규범은 헌법이나 법률에 명시적으로 규정되어 있지 않지만, 시민사회에서 널리 존중 받는다. 특히 미국 민주주의에서 규범은 대단히 중요한 역할을 했다."고 하면서, "역사상 가장 비극적인 민주주의 붕괴 사례들은 기본적인 규범을 무시한 것이 그 원인이었다."고 주장했다. 오늘날 민주주의가 위기를 맞고 있는 이유가 제도의 결함이 아닌 제도를 운영하는 사람 탓이라는 말이다.

아무리 잘 설계된 헌법도 민주주의를 모두 보장하기에는 불

충분하다. 구체적인 방법을 기술한 규정이나 운영지침도 우연히 발생하는 모든 경우의 수를 예측할 수는 없다. 따라서 그것을 운영하고 책임지는 사람이 무엇보다도 중요하다.

자유·평등·정의가 대법원의 장식에 머무르지 않고, 우리 현실 속에 녹아들 때 우리 사회는 더 투명해지고 정의사회로 진일보할 수 있다. 판사들은 헌법에서 재판상 독립을 보장하고 있다. 판사들의 독립은 권리이자 의무일 뿐만 아니라 사회 정의를 지탱해 주는 버팀목의 기준이 되기 때문이다. 따라서 판사들은 재판상의 독립을 누구에게, 무엇을 위해, 어떻게 쓸지 깊이 성찰해야 한다.

국립대 총장 임용제청 거부는 국가인사권을 오·남용한 사건에 해당한다. 일종의 권력 사유화다. 국가인사권은 주권자인 국민에 의해 구성되고 국민을 위해서만 사용하도록 헌법과 개별 법률에 의해 규정돼 있다. 즉 헌법적 권한이다. 국립대 총장임용후보자도 국민의 한 사람이다. 10개 국립대의 총장임용후보자들은 영문도 모른 채 여러 가지 추측이 난무하는 가운데 임용제청이 거부되었다. 1순위 후보자가 총장에 임용된 것은 방송대가 유일하고, 나머지 국립대는 후순위자 혹은 재추천자로 총장을 임용했다. 그리고는 임용이 거부된 후보자에 대해서 교육부 인사위원회가 아무런 조치를 취하지 않고 있다. 폭력이라 아니할 수 없다. 교육부는 그간의 과정을 소상히 밝히고 당사자들에게 이제라도 임용거부 사유를 알려주어야 한다. 이와 함께 규범을 어긴 관료에게는 그 책임을 물어야 한다.

상아탑의 상징인 대학에서 헌법과 법률에 위임된 규정에 의해 실시된 국립대 총장 선출과정을 무시하고 이유도 밝히지 않은 채 3년 이상을 방임한 관료들을 어떻게 보아야 할까? 니체는 "비극적 사건의 종말은 착한 사람들로부터 시작된다."고 했다. 여기서 착한 사람들은 당대의 권력층이었고 예수를 못 박아 죽이기 위해 음모하고 선동하고 결정했던 사람들이다. 니체의 표현대로라면 '말랑한 양심에 사로잡힌 자기들끼리만 착한 사람들'이다. 국립대 총장 임용제청 거부사건에 관여한 행정관료와 재판관들이 '착한 사람들의 함정'에 빠져 큰 죄를 저지르고도 부끄러워하지 않는 건 아닐까?

'인간은 얼굴을 붉히는 유일한 동물'이라고 한 마크 트웨인의 표현을 빌리지 않더라도, 인간은 다른 사람의 눈에 비친 자신을 인식하고 수치심을 느낄 수 있는 유일한 윤리적 존재라는 것을 우리는 알고 있다. 그럼에도 우리 사회에는 언제부터인가 자신이나 소속 조직이 한 일에 대해서 부끄러워하지 않는 풍조가 만연하고 있다. 하지만 어둠은 빛을 이길 수 없고,

거짓은 참을 이길 수 없고, 불의는 정의를 이길 수 없다는 말을 믿는다. 또한 진실을 밝히지 않으면 진실을 지킬 수 없다. 우리가 진실을 찾고, 밝히는 이유는 진실을 따르고자 함이기 때문이리라.

4장

아무도 부끄럽다 말하지 않았다

권력과 야만

"자유롭고 평등한 모든 시민은 국가에 공정한 대우를 요구할 권리가 있다. 이는 구걸이 아니라 인간이 사회 구성원으로서 누려야 할 도덕적 기본 권리이다. 이는 시혜가 아니라 국가가 시민에게 부담할 기본적 책임이다." 홍콩의 정치철학자 짜우포충 교수가 그의 저서 『국가의 품격은 어떻게 만들어지는가』에서 한 말이다. 그는 참과 거짓, 옳음과 그름이 실종된 사회에서 '정의를 요구할 권리는 자유주의 정치도덕관의 시발점'이라고 했다. 심지어 정의를 떠받치는 "평등과 공정이 부정되면 국가권력에 복종할 의무가 없다."라고까지 했다.

기나긴 인고의 시간이 흐르고, 2018년 3월 마침내 국회로부터 국립대 총장 임용제청 거부 과정을 알 수 있는 관련 자료를 입수했다. 2014년과 2015년 국회 교육문화체육관광위원회 회의록이다(전문은 부록 210-214쪽 참조).

2014년 10월 8일 열린 국정감사 현장에서 있었던 일이다. 당시 새정치민주연합 국회의원이던 박○○ 교문위 위원은 방송통신대와 공주대, 한국체대 총장 임용제청 거부 사태와 관련해서 황○○ 당시 교육부장관에게 "인사위원회에서 부적격 판정이 난다 할지라도 그 의견을 붙여서 대통령께 제청을 해야 됩니다. 이것을 하지 않으면 교육부장관이 제청권자로서의 월권을 하는 것이고, 임명권자인 대통령의 인사권에 대한 침해라고 생각됩니다."라고 하면서, "특히나 행정절차법에 의하면 어떤 이유로 교육부장관이 임명 제청을 하지 않는 것에 대한 근거와 이유를 당사자에게 통보하도록 되어 있는데 그것마저도 하지 않고 있다."고 질타했다.

이에 대해 황 장관은 '교육부에서는 이 절차에 따라서 결론을 따르는 것이 쭉 해왔던 일이다'는 식으로 답변하자, 박 위원이 "장관님, 뒤에서 써주신 대로 답변하지 마시고. 아주 해박하신 법률가이신데 어떻게 그렇게 말씀하십니까? 교육공무원법 3조에 인사위원회 설치가 있는데 이것은 교육부장관이 자문할 수 있도록 교육부에 교육공무원 인사위원회를 둔다고 되어 있지 심의한다는 말이 없어요. (중략) 이것은 교육부장관 자문위원회인데 대통령 자문위원회도 아니에요. 자문위원회에서 어떤 결론이 나더라도 대통령께 제청은 해야 됩니다. 대통령 인사권 침해지요."라고 다그친다. 그리고 행정절차법을 위배하면서까지 총장 임용제청 거부의 근거와 이유를 왜 본인에게 알려주지 않느냐고 몰아붙인 끝에, 황 장관의 입에서 "본인이 원하면 알려 드리도록 하겠다"는 말을 이끌어냈다.

그로부터 4개월 후 2015년 2월 11일 열린 국회 교문위 회의록을 보자. 박○○ 위원이 황 장관에게 총장 임용제청 거부 사유를 아직까지 당사자에게 통보하지 않은 것을 지적하면서 "지금 장관 답변내용이 아주 모순이다. 이거는 분명히 해명을 받아야 되고, 이것을 본다면 아직까지도 알려주지도 않고, 소송을 계속해서 상고를 하는 것만 보더라도 허위 답변이었다, 국회에서의 증언·감정 등에 관한 법률에 의해서 허위증언을 한 것이기 때문에 이것도 고발대상이 됩니다."라고 말한다. 그리고 "지금 뭔가 꿍꿍이속이 있어 공개를 못 하는 사유 때문에 이러고 있는 것인데, 이걸 이대로 방치를 해 버리면 장관의 행위를 정당화시켜 주는 것이고, 국회 무시행위를 우리 스스로가 자초하는 행위일 뿐만 아니라 위법행위, 방조행위가 된다,

그래서 시민단체에서 이 상임위원회에 이 고발건 문제를 해결하지 않고 넘어가게 되면 직무유기로 고발도 할 것이고, 위증에 대한 방조범으로, 함께 공범으로 고발을 할 것"이라고 경고한다.

설○ 교문위원회 위원장도 "결과적으로 장관께서 허언을 하고 있는 것 아닙니까? 무슨 말로도 이게 설명이 안 되지 않습니까? 그러지 마시고요, 총장 취임할 수 있도록 하십시오. 간단합니다. 뭐가 그렇게 복잡합니까?"라고 황 장관의 잘못을 지적한다.

이에 대해 황 장관은 "제가 답변 드렸을 때 제 권한의 범위 문제가 있기 때문에 '알려 드리도록 하겠습니다. 제 권한인지는 몰라도 알아보고 제가 할 수 있는 범위 내에서 위원님 말씀을 존중해서 그렇게 하도록 하겠습니다.' 이렇게 제가 답변을 했는데 그 후에 여러 가지를 검토한 결과, 또 이것이 쟁송 중에 들어가기 때문에 그렇다면…"이라고 하면서 한발을 뺀다. 그리고 "교육부의 입장에 따라서 쟁송을 하는 도중에 장관이 이와 달리 공개를 할 경우에는 소송을 스스로 포기하는 상황이 되기 때문에 어려움이 있었다는 점을 말씀드리고, 이것이 얼마 남지 않은 시간 내에 이 부분에 대한 최종판결이 바로 당해사건에 대해서 있기 때문에 그때는 그 대법원 판결에 따라서 우리가 정리하겠다."고 답변한다.

이것이 한 나라의 부총리 겸 교육부장관이 국회의원을 상대로 공개적으로 발언한 내용이다. 관료들끼리 회의실에 모여서 안건을 검토하는 상황에서나 있을 법한 발언들이다. 백년대계를 총괄하는 교육부 수장으로서 과연 올바른 처신이었는지 되묻지 않을 수 없다. "얘들아, 우리가 지금 그 집에서 무사히 나왔지? 그리고, 우리 식구들 말고 아무도 모르지? 무슨 일이 있었는지. 그러니까 아무것도 없었던 거야. 알겠어?" 봉준호 감독의 영화 「기생충」에 나오는 대사다. 국가의 품격을 논할 대상조차 되지 못한 시절이었다.

교육부는 이제라도 박근혜 정부 당시 총장 임용제청을 거부한 9개 대학의 인사위원회 회의록을 공개하여 당사자의 명예를 회복해 주어야 한다. 대법원의 판결도 있었고 정권도 바뀌었으니 부담을 덜어내고 결자가 해지를 해야 할 차례다. 그래야 손상되었던 정치의 품격, 국가의 품격이 조금이라도 나아지지 않을까?

짜우포충 교수에 의하자면, 이상적인 정치의 출발점은 시민 한 사람 한 사람을 평등한 지위를 가진 자주적인 개체로 보고, 이런 밑바탕 위에 공평하고 공정한 사회제도를 세울 방법을 모색하는 데 있다. 또한 한 사회가 이러한 가치를 실현해 나갈

수록 그 사회는 정의에 가까워진다. 하지만 법원 판결이 종료된 시점에서 돌이켜보면, 교육부의 9개 국립대 총장 임용제청 거부와 그 처리과정에서 정의를 떠받치는 평등과 공정은 찾아볼 수 없다.

서울대 김기현 교수는 "정치권력은 자기보존을 원하는 개인들 사이에서 서로의 생명을 위협하는 야만 상태를 벗어나기 위한 계약의 산물이다. 국가는 야만 상태를 벗어나기 위해 구성원들의 자유로운 약속을 통하여 만들어진 제도다."라고 말한다. 여기에서 야만은 비록 그것이 인간의 생명을 위협하지는 않을지라도, 명예나 재산이나 권력을 가진 이들이 그것을 못 가진 이들을 멋대로 다루는 것도 포함한다고 볼 수 있다. 법과 규칙을 어느 특정한 한 편에 유리하도록 운용한다면 그것은 정치권력의 기본 취지를 파괴하는, 야만 상태를 부추기는 것과 다르지 않다.

스티븐 레비츠키와 대니얼 지블렛이 말한 대로 "민주주의는 헌법과 법률의 완전성으로 지켜지는 게 아니라 법적 권한을 신중히 사용하려는 '제도적 자제'와 상대편을 통치할 자격을 갖춘 경쟁상대로 인정하는 '상호관용'이 있을 때 가능하다."

사라진 법원의 양심

교육부의 총장 임용제청 거부로부터 시작된 정부와의 소송전은 계란으로 바위를 치는 격이었다. 서울행정법원(1심) 승소, 서울고등법원(2심) 패소, 대법원(3심) 파기환송결정, 서울고등법원(파기환송심)의 애매한 판결이라는 네 번의 국가와의 재판과정은 그야말로 시간·공간을 넘나드는 지루한 투쟁이었다. 그리고 마침내 서울고등법원 파기환송심에서 그동안의 심경을 판사 앞에서 주저 없이 말할 수 있는 기회를 얻었다. 2018년 10월 25일, 서울 고법 파기환송심에서의 최후 변론문은 다음과 같다.

> 존경하는 재판장님
>
> 저는 현직의 국립대학 총장으로서 이 자리에 섰습니다. 제 스스로는 이 직책의 무게가 결코 가볍지 않음을 깊이 인식하면서 제 직무에 대한 최선의 수행을 다짐하는 계기로 삼고자 오늘 변론에 임합니다.
>
> 우선, 이 재판의 원인이 된 사안으로 인하여 총장선거에 당선 후 취임 전 3년 5개월의 기간 동안 제가 겪었던 여러 난관

은 우리 사회의 평균적인 교양인이며, 지성인으로 자처하는 저로서는 참으로 감내하기가 어려웠고, 시간 시간마다 항거할 수 없는 거대한 벽을 마주하면서 좌절을 거듭할 수밖에 없었음을 말씀드립니다.

지난 문민정부 이래로 우리 대한민국이 전제 혹은 독재국가라고는 누구도 여기지 않습니다. 물론 정치적인 수사로써야 언명할 수 있겠습니다마는 현실의 우리 사회가 선진 자유민주국가의 기본 체제를 충분히 갖추고 있음을 부정할 수는 없다고 사료됩니다.

이제 이러한 제도 아래 국립대학의 총장임용과 관련해서 정부 교육당국으로부터 자행된 일련의 비민주적인 작위 또는 부작위 행태에 관하여 반추하고 경계하는 일이 참으로 필요하고, 바로 이러한 것이 더 나은 사회를 위해 힘써야 하는 지식인의 책무라고 굳게 믿습니다.

지난 몇 해 동안 저를 비롯한 다수의 국립대학 총장당선자들이 정부의 임용을 거부당하는 처분에 처해졌습니다. 저간의 사정과 그 전말은 이미 그간 여러 당사자들의 소를 통하여 충분히 소명됐을 것이므로 재론치 않고, 다만 이 사안의 진행과정에서 제가 수없이 자문했던 바, 왜 이러한 일이 자행되는 것인가? 또 그러한 부정당한 처분들이 왜 용인되고 있는가? 제도로써 명기된 민주적인 절차와 그의 정당한 이행

이 집권 정부에 의해 심각하게 훼손되는 경우, 이러한 시민적 가치가 어떻게 보호돼야 하는가를 묻고 다시 한번 주의를 환기하고자 합니다.

본 사안의 단순한 사실은 대법원 판결문에서 적시한 바와 같이 국립대학 총장의 임용에 관한 기본법인 교육공무원법과 총장임용에 관한 규정에 따라서 해당 대학의 선거가 평온무사하게 이루어졌고, 또 이로써 당선된 총장후보자의 임용을 해당 대학에서 추천했으나 정부당국이 아무런 이유 없이 이를 거부했다는 것입니다.

국립대학 총장의 임용에 관한 법률규정의 개정으로 정부의 일방 임용에서 해당 대학의 추천을 받아 임용하는 절차로의 개정이 이루어진 것은 깊이 생각할 것도 없이 국립대학 총장임용의 본질이 '해당 대학의 추천'에 있음을 바로 인지할 수 있는 것입니다. 이하의 절차 곧, 교육부장관의 제청과 대통령의 임명은 국립대학이라는 특수성에 기인한 형식적 절차로 간주하는 것이 사리에 합당한 것으로 여겨집니다. 대학 구성원들의 민주적 의사결정의 선택과 헌법과 법률이 적시하여 보장하고 있는 교육의 자주와 자율을 위한 실체적 정의에 부합하는 것으로 정부가 인식했기 때문입니다.

여러 해당 대학의 1순위 총장후보자들이 아직 임용되지 못하고 있는 중에 저는 지난 2월 임용되었습니다. 저만 임용을 받아서 행운일까요? 그렇지 않습니다. 앞서 언급한 것처럼 저는 이 사안을 정부권력의 시민에 대한 민주적 기본권의 침탈에 다름 아닌 것으로 믿습니다. 다시 한번 묻고 싶습니다. 이렇게 관련법령과 규정에 따르고 대학에서 적정하게 이루어진 민주적 선거에 의한 총장 1순위 후보자의 임용을 정부가 거부한 까닭은 무엇일까요? 그 내부적인 임용절차는 도대체 어떠한 직책에서 결정이 이루어지는 것일까요?

임용을 거부당한 당사자로서 저는 교육당국의 여러 관련자들에게 수없이 많은 접촉과 문의를 통해 임용거부의 사유를 알고자 했으나 단 한 사람도 임용거부의 사유를 밝히지 않았습니다. 오히려 마치 임용되지 못할 만한 개인적 사유가 있는 것처럼 악의적인 소문이 유포되기도 했습니다. 당시의 교육부장관은 국회에 나와 임용거부에 관한 여러 의원들의 질의에 수일 내로 거부사유를 분명하게 당사자들에게 통지하겠다고까지 공언했으나 이 역시 밝히지 않고, 통지하지도 않았습니다.

이미 말씀드린 것처럼 저는 임용거부사유의 부지 상태로 3년 5개월의 기간이 경과한 후인 지난 2월에 임용통지를 정부로부터 받았습니다. 그간의 임용거부에 대한 해명과 임용에 이르게 된 사정에 관하여는 공적, 사적으로 어떠한 언급도 없이 임용절차가 이루어졌습니다.

저는 지금 또 묻습니다. 지난 3년 5개월의 기간 정부가 임용을 거부한 까닭은 무엇이며, 그리고 이제야 임용하게 된 까닭은 무엇인가? 이런 의문에 관해 정부교육당국은 명백한 경위해명과 참된 자기성찰 그리고 아울러 당사자에 대한 사과 등이 최소한의 조처로써 이루어져야 한다고 여깁니다. 혹자는 제가 임용이 된 것만으로 그간의 정부가 잘못된 것을 용인하고 값을 치른 것이 아니냐 하는 견해도 있습니다마는 저는 결코 그렇지 않다고 여깁니다. 지난 정부의 임용거부과정을 단계 단계마다 보다 상세하게 밝히고, 그러한 행태가 궁극적으로 민주적 시민사회에 어떻게 해악을 끼치는가에 관해 함께 생각하고, 그 교정과 개선을 위해 노력해야 한다고 사료됩니다.

마지막으로 저는 총장 임용후보로서 당선 후 취임 때까지 몇 해에 걸쳐 정부당국의 저에 대한 임용거부처분에 대하여 각 급의 사법판단을 구했습니다. 그러나 매우 실망스러운 과정도 있었고, 현재도 저 이외의 여타 해당 대학의 사법판단이 확정되지 않은 상태에 있습니다. 저는 민주적 시민사회의 최종적 권리보호의 보루는 오로지 사법부임을 굳게 믿습니다. 혹여라도 집권 정부권력의 국민보호의무에 대한 부작위나 권리침탈이 있다면 준열한 사법판단만이 이를 바로잡고, 민주적 정의를 바로 세울 수 있는 것이라고 믿습니다.

존경하는 재판장님 그리고 배석판사님

저는 오늘의 사법판결을 통한 통렬한 판시로써 우리 사회의 진실되고 실체적인 정의가 이렇게 실현될 수 있다는 희망을 국민에게 보여주시기를 간절히 소망하면서 최후변론을 마치겠습니다. 감사합니다.

2018. 10. 25.

한국방송통신대학교 총장 류 수 노

대법관을 지낸 김영란은 그의 저서 『판결과 정의』에서 "우리 일상에 널린 이런저런 공적 사적 조직들의 내부를 헌법 원칙에 입각하여 정면으로 문제 삼지 않고는 정치를 포함한 우리 사회의 민주주의에로의 지향은 요원할 뿐이다. … 이제는 우리 안의 구체적인 민주주의도 함께 논의해야 할 때가 아닐까"라고 했다. 법원의 조직 논리가 우선하는 곳에는 어디든 민주주의가 자라날 수 없을 뿐만 아니라, 그 심장인 양심도 살아움직일 수 없었다.

대한민국의 모든 권력은 헌법과 법률로 행사 주체와 방법이 명확히 기술되어 있다. 대법원의 파기환송심(서울고등법원)의 최후진술에도 불구하고 예상했던 대로 1심과 2심의 판결을 취하 또는 각하하고 소송비용은 정부가 원고에게 지급하라는 판결이었다. 이로써 4년여 간의 소송과정은 무력화되었다. "지연된 정의는 정의가 아니다."라는 법언도 의미가 없어졌다. 내가 총장에 임용되었으니 더는 논의할 실익이 없다는 무책임한 판단으로 각하결정을 내렸다. 4년이 넘어서 소송비용으로 1천만 원을 정부로부터 받았다. 이것이 전부였다. 법원은 교육부를 앞세운 국가의 폭력에 대해 구체적으로 판단하지 않았다. 사법부의 품격은 사라지고 요란한 말장난만 남아 있었으며, 법원의 양심은 가동되지 않았다.

양심은 옳고 그름, 선과 악을 분별하는 것이다. 양심이 없는 사람은 부끄러움을 모른다.

은폐된 진실

미국 미시건대 총장 제임스 두데스탯(James Duderstadt)은 그의 저서 『대학혁명』에서 "대학총장은 대학 자체와 대학의 가장 중요한 학문의 가치를 지키는 대학의 수호자여야 한다."라고 했다. 또한 "대학은 인류문명의 가장 오래된 제도 가운데 하나로서 변화하는 사회에 봉사하기 위해서 변화하고, 적응하는 탁월한 능력을 보여주었다."라고 설명하여 대학에서 총장의 역할이 중요함을 강조했다.

대학은 그 사회를 지탱하는 디딤돌이 되어야 한다. 그러나 2014년 9월 29일 방송대 제7대 총장의 임기가 시작되기 전 교육부와 대학 간에 오고간 공문은 그 기대를 저버렸다. 1년여 동안 후보자 간의 정책토론회 등 학교 구성원이 지혜를 모아온 선거과정은 송두리째 사라져 버렸고, 결과도 무효화되었다. 헌법과 법률, 규정, 지침도 중요하지만, 더 중요한 것은 이것을 운용하는 구성원의 의지이다.

국립대 총장 임용후보자의 선정과정은 일반적인 선거와 같이 해당 규정과 규칙에 따라 1년여 기간 동안 많은 시간과 경비가 소요된다. 총장 1순위 임용후보자에게 부적격 통지가 공식적으로 통지되지 않은 상태에서 방송대 총장 직무대리가 지정된 공문이 있음을, 그리고 그 과정이 아주 예외적으로 진행되었다는 사실을 총장에 임용되고서야 알게 되었다.

2014. 9. 24. 방송대 교육부에 총장 직무대리 신청(D-5)
2014. 9. 26. 교육부 총장 직무대리 승인(D-3)
2014. 9. 26. 방송대 총장 직무대리 지정
2014. 9. 26. 제6대 총장 이임식
2014. 9. 29. 교육부 방송대 총장임용후보자 재추천 요청
              (오전 10시, 필자에게 임용제청 거부 통지)

교육부는 대통령의 인사권이라는 명분으로, 대학 구성원에 의해 적법하게 선출된 총장 임용제청 1순위 후보자를 무시하고 직무대리를 지정하였다. 교육부가 법이 정한 절차와 기간을 무시한 채 민주적 선거로 당선된 1순위 총장 후보자를 제쳐 두고 왜 대안을 모색하려 했는지 그 이유를 이제라도 밝혀야 민주화된 사회가 아닐까?

심리학자이면서 정신과 의사였던 스캇 펙에 의하자면, 집단 내에서 개인들의 역할이 고도화·전문화될수록 개인의 도덕적 책임을 집단의 다른 부분에 전가하는 일은 가능하며 쉬워진다. 또한 개인이 자신의 양심을 버리는 것은 물론 집단 전체의

양심도 분해되고 희석되어서 아예 존재하지 않는 것처럼 될수 있다. 은폐는 아주 거대한 집단 차원의 거짓일 뿐만 아니라 동시에 거짓은 악의 증상이기도 하고, 또 악의 원인이기도 하다. 은폐는 학살 자체보다는 덜 잔혹해 보일지 모르지만, 그둘은 똑같은 덩어리의 일부분이다. 은폐는 악의 시작이기도 하고, 또한 끝이기도 하다.

많은 국립대가 지난 박근혜 정부의 속이 훤히 들여다보이는 그 속임수에 당하고 악에 동참했다. 안타깝게도 방송대도 예외는 아니었다. 대학 구성원들은 영혼을 잃어버린 집단의 악에 매몰되어 자신도 모르게 집단 안에서 책임 소재를 덮으려했고, 대학은 본연의 얼굴을 잃어갔다.

부끄러움을 모르는 공직자

거짓말 하나를 덮기 위해서는 10가지 거짓말을 만들어내야 한다고 한다. 스캇 펙은 거짓 속에 방황하는 인간의 내면에 관해서 "가려진 영혼 속에서 벌어지는 섬뜩한 숨바꼭질 놀이, 단 하나뿐인 인간의 영혼은 그 속에서 혼자서 치고받다 스스로 피하여 숨는다."라고 했다.

악은 직접 들여다봐야 치유를 꿈꿀 수 있다. 무의식중에 다른 사람을 희생양으로 삼고 있는 사람들은 누구일까? 스캇 펙은 품위를 '삶의 하강기가 찾아와도 퇴행하지 않을 수 있는 능력, 고통에 직면하면서도 무뎌지지 않을 수 있는 능력, 극심한 고뇌를 겪으면서도 제자리에 남아 있을 수 있는 역량'이라고 정의한다.

권력이란 그것을 휘두르는 자와 그것에 희생되는 자 모두의 존엄을 훼손시킨다. 굶주린 지식인의 위선적 모습을 가장 경계해야 한다는 것이 조지 오웰의 소설『동물농장』이 던지는 문학적 함의다. 이 우화는 소련의 독재자 스탈린 체제의 잔혹한 공포와 억압을 풍자한다. "모든 동물은 평등하다. 그러나 어떤 동물은 다른 동물들보다 더 평등하다." 돼지 계급이 개와 양들을 동원해 쓴 수법이 하류 계급들의 기억을 조작하는 일이었다. 민중은 고난과 착취의 늪에서 늘 허덕인다. 이 소설은 인간의 권력의지가 교묘하게 작동해 정의·자유·평등이 어떻게 파괴되는지를 신랄하게 묘사하고 있다. 늙은 수퇘지 올드 메이저의 유언에 따라 동물들이 농장주 인간을 몰아내고, 더 평등한 세상을 만들기 위해서 '7계명'을 공표하고, '동물공화국'을 만든다. 그러나 7계명은 비밀리에 수정돼 혁명 주체들인 돼지들만 인간의 옷을 입고, 침대에서 자고, 술을 마시고 결국엔 인간처럼 두 발로 걷게 된다. 평등·공정·정의는 사라져 버리고, 마침내 7계명은 모순된 하나의 헛소리, "모든 동물은 평등하다. 그러나 어떤 동물들은 다른 동물들보다 더 평등하다."라는 논리로 전개된다. 조지 오웰은 또 "자유가 무엇인가를 뜻한다면 그것은 사람들이 싫어하는 것을 말할 수 있는 권리다."라고도 했다.

2부

선현께 지혜를 구하다

박근혜 정부로부터 총장 임용제청이 거부되어 인고의 시간을 보내야 했던 시절 동안 두 분이 생각났다. 조선시대에 권력의 정상에 있다가 야인이 되어 인고의 시간을 보내야 했던 서애 유성룡과 다산 정약용이다. 이 두 선현의 마음을 느껴보고 싶었다.

2015년 7월 21일은 서울고등법원에서 방송대 총장임용제청거부처분 소송의 2심판결이 있었던 날이다. 결과는 패소였다. 분노와 절망을 진정시키는 데 며칠이 걸렸다. 다시 마음을 추스르고 대법원에 불복신청 상고장을 접수했다. 동일 사례의 재판에서 공주대학교(1, 2, 3심)와 경북대학교(1심)는 총장후보자가 모두 승소했지만 나만 유일하게 1심은 승소하고 2심에서 패소하여 대법원에 상고한 것이다. 서울고등법원의 이 판결은 소위 사슴을 가리켜 말이라고 말하는 지록위마(指鹿爲馬)였다. 사법적 정의에 기대를 걸고 있던 터라 충격은 더 컸다.

사법부의 이중적 판결에 망연자실하고 있을 때 선현들을 떠올린 것은 어쩌면 당연한 것인지도 모른다. 난관에 봉착하게 되면 아버지라면, 어머니라면, 그 선배라면 어떻게 했을까 하고 나보다 먼저 살아간 사람들 생각을 하게 된다.

5장

서애 류성룡

국가 리더십 부재 시대

왜군은 1592년 4월 13일 부산포에 상륙하고 나서 채 20일
도 안 되어 5월 2일, 한양으로 들이닥쳤다. 이 정도면 비포장
도로에서 아무런 저지 없이 그냥 말을 달려온 것이나 마찬가
지이다. 200년 동안 전쟁을 모르고 지낸 백성들이라 외침의
피해는 참혹했다. 선조는 왜군이 한양에 당도하기 이틀 전 도
읍을 버리고 임진강을 건너 의주로 달아났다. 그리고 명(明)에
망명을 구걸하는 처지가 되었다.

국가가 위기에 봉착하게 되는 이유로 '지도자의 무능'을 꼽
을 수 있는데 대표적인 사례가 바로 선조이다. 전쟁의 기운은

임진왜란 발발 훨씬 이전부터 여기저기에서 감지되고 있었다. 그럼에도 선조와 삼정승은 전쟁의 가능성을 경고하는 신하의 목소리를 귓등으로 들었다.

당시 조선은 한마디로 국가답지 못했다. 건국 초기에 정비된 국방체제가 장기 평화시대를 거치며 서서히 붕괴되어 가고 있었다. 게다가 전쟁 준비를 주장하던 서인세력이 몰락한 시기로서 나라를 지킬 군대다운 군대는 없었다. 또한 연산군 이후 4대 사화를 거치며 중앙 정계가 매우 혼란스러웠고, 선조대에 이르러 당쟁이 더욱 격화되어 정상적인 정치가 거의 불가능한 상태였다. 사림은 성리학에 빠져 실용학문을 배격하고 물적 생산력과 부국강병을 경시했다.

그리고 나라의 운명이 풍전등화인 전란 속에서도 선조와 집권세력은 권력 싸움에 몰두한 나머지 이순신을 모함하여 삭탈관직하고 도원수 권율을 파직했다. 전라도 의병장 김덕령을 살해하고, 경상도 의병 곽재우를 귀양 보냈다. 이처럼 왕의 리더십이 부재했고 집권 세력은 무능했다. 국가의 미래 비전이 있을 리 만무했다.

반면, 일본의 상황은 달랐다. 도요토미 히데요시는 전국시대를 평정하면서 전쟁 경험과 노하우를 얻었고, 조선 침략의 명분을 세워 제후들의 사기를 극대화시키는 리더십을 발휘했다. 서양의 과학기술을 받아들여 조총 등 신무기 또한 막강했다.

임란의 중심에 서다

서애 류성룡(柳成龍)은 1542년(중종 37년)에 경상도 의성 지방에서 태어났다. 21세 되던 해에 도산서원 퇴계 이황의 문하로 들어가 『근사록』(近思錄) 수업을 받고, 24세에 성균관으로 들어가 수학한다. 『근사록』은 성리학자들의 사상과 학문을 간추린 것으로 향후 류성룡의 학문적 방향에 결정적 영향을 끼쳤다고 한다. 25세 때 별시문과에 급제하여 승정원 권지부정자로 임명되었다. 28세 때에는 서장관으로 연경에 가게 된다. 이때 명나라의 선비들이 류성룡의 학문적 역량을 알아보고 '서애'(西厓) 선생이라 높여 부르며 존경을 표했다고 한다. 이듬해 귀국한 류성룡은 명나라에서의 공적을 평가 받아 선조의 총애를 받게 되고 병조좌랑 겸 홍문관 수찬에 임명된다.

서애가 관직에 있을 때는 조정이 동인과 서인으로 갈라져 갈등이 심했다. 그가 고위관료로 급부상하는 데에는 47세 때 일어난 기축옥사(1589)와 연관이 있다. '정여립 모반 사건' 가담자 처벌이었지만 사실은 선조가 입지를 강화하고자 반대세력을 토벌한 참극이었다. 3년간 유배나 사형을 당한 동인 선비가 1천여 명에 달해 일할 관리가 부족할 정도였다고 한다.

기축옥사를 수사한 사람은 문인으로 잘 알려진 송강 정철(鄭澈)이다. 선조는 정철을 신임하여 임명하면서 '백관 중의 독수리, 대궐의 맹호'라고 극찬했지만 1591년 기축옥사가 끝나던 해에 '악독한 정철이 내 선한 선비들을 다 죽였다'고 분노하면서 유배시켰다. 토사구팽 당한 정철은 술독에 빠져 2년 후, 강화도에서 비참하게 57세의 나이로 생을 마감한다.

당파 관점에서 기축옥사는 당시 열세였던 서인들이 정철을 중심으로 하여 동인들을 제거하고 권력을 틀어쥔 사건이다. 이로 인해 서인이 득세하자 선조는 정여립 사건 마무리를 동인이던 서애에게 맡김으로써 이를 견제한다. 이렇게 선조는 정철과 류성룡을 이용하여 조정을 피바다로 만들며 왕권을 유지했다. 기축옥사 3년 후 조선은 임진왜란을 맞았다.

서애는 50세에 이르러 좌의정이 되었고 이조판서를 겸했다. 1591년 조선통신사로 일본을 다녀온 김성일은 전쟁 가능성이 없다고 보고했다. 선조는 일본이 침략할 거라고 한 서인 황윤길의 주장 대신 동인이던 김성일의 주장을 채택했다. 당시 서인들은 광해군 세자 추천 문제로 선조에게 미운털이 박혀 있어 이를 돌파하기 위해 전쟁의 위험성을 과장했다고 한다.

어쨌든 1592년 임진왜란이 발발하고 7년의 전쟁 동안 나라를 지키기 위해 서애는 그야말로 혼신의 노력을 기울인다. 왕의 특명으로 병조판서를 겸임하면서 군기를 관장하게 되었다. 의주 피난길에 개성에서 영의정에 임명되었으나 일부의 모함으로 그날로 파직된다. 최단기간 영의정을 한 셈이다. 그러나 다음 달에 풍원부원군에 다시 서용된다. 12월에는 평안도 체찰사, 이듬해 호서·호남·영남을 관장하는 삼도체찰사라는 직책을 맡아 전시 상황의 군사 업무를 관장한다. 다시 신임을 얻은 서애는 1593년 영의정에 재임용되고 1598년 11월 19일, 북인으로부터 주화론자라는 이유로 탄핵을 받아 파직당하는 날까지 관직을 수행했다.

한편, 우리가 아는 이순신의 역사는 서애의 천거로 시작된다. 이순신은 무관으로 급제하여 관직을 시작했으나 그 길은 평탄치 않았다. 그가 사복시주부로서 호인(胡人)의 침입을 받았을 때, 적의 군사가 압도적으로 많았기에 후퇴할 수밖에 없었다. 조정에서는 후퇴에 대해 문책을 하였고, 첫 번째 징계로써 중형은 면했으나 백의종군을 하게 된다.

이순신은 임진왜란이 발발하던 해에 서애의 천거로 전라좌수사로 임명된다. 그러나 경상우수사 원균, 경상좌수사 박홍의 거듭된 실패와 투서로 이순신은 억울한 누명을 쓰고 투옥

된다. 그럼에도 불구하고 서애는 끝까지 "통제사의 적임자는 이순신밖에 없으며 만일 한산도를 잃는 날이면 호남지방 또한 지킬 수 없다."고 간청하였다. 허나, 정세 판단에 어두운 선조는 이순신을 잡아들이라는 명령을 내렸다.

낙향 그리고 반추의 기록

1598년 명나라 정응태가 조선과 일본이 연합해 명나라를 공격하려 한다고 본국에 무고하는 일이 발생한다. 서애는 이 사건의 진상을 명나라에 밝히러 가라는 명을 받았으나 따르지 않았다. 그러자 정인홍 등 북인들은 류성룡이 일본과의 화친을 주도했다는 누명을 씌웠다.

이로 인해 관직을 삭탈당한 서애는 졸지에 고향 하회마을로 내려가야 하는 신세가 됐다. 관직을 삭탈당한 11월 19일 그날은 바로 이순신이 노량해전에서 전사한 날이었다. 이순신이 남해에서 왜군과 싸울 때, 서애는 조정에서 어리석은 임금과 부패한 관리들과 싸웠고, 오만한 명나라 장수들과 싸워야 했다. "너희들은 평일에는 앉아서 나라의 녹만 먹다가 이제 와서는 나랏일을 그르치고 백성마저 속이는구나!" 『징비록』에 나오는 이 말에서 서애의 마음가짐을 읽을 수 있다. 낙향 길에 거처할 공간조차 마련하기 어려울 정도로 청렴했던 서애를 위해 이항복이 간청을 올렸으나 선조는 이를 듣지 않았다.

이후 누차의 소명으로 복권되어 영의정에 복귀하라는 등 조정의 거듭된 부름이 있었으나 서애는 모든 벼슬을 사절했다. 또한 공신의 훈공기록에서도 제명해 주기를 청하기도 하면서 옥연정사에 은거하며 저술에 몰두했다.

임진왜란은 임금의 리더십 부재, 관리들의 무능과 책임회피가 만든 결과였다. 조정은 권력 투쟁에 매몰된 나머지 주변국의 변화와 국방에 관심을 기울이지 못했다. 임진왜란을 거친

경북 안동시 풍천면에 있는 옥연정사.
류성룡이 고향 하회마을을 내려다볼 수 있는 곳에 세웠다.

후 동북아시아는 격변한다. 전쟁에 패한 일본은 정권이 바뀌었고, 명나라는 청나라에게 중국 대륙을 넘겨주었다. 그런데도 전쟁의 직접 당사자인 조선의 지배층들은 민생은 내팽개치고 명에 대한 사대(事大)를 더욱 강화하는 등 잘못된 방향으로 나간다. 관리들도 개인적인 부와 지위를 유지하는 데 혈안이 된다. 수많은 백성들이 굶주림과 질병에 시달려야 했다.

서애는 이러한 실상을 보면서 아마도 파직을 핑계로 그냥 소일할 수는 없었을 것이다. 왜 조선이 왜와 명에게 속절없이 당했는지, 왜 나라꼴이 이 지경이 됐는지를 반추하지 않을 수는 없었을 것이다. 전쟁 후의 냉철한 현실 인식을 통해 후일을 대비하게 하려는 충정은 여기서 시작됐고 『징비록』이 탄생하게 된다.

1604년, 서애는 『징비록』을 다 쓰고 나서 안동 학가산 골짜기에 초당을 짓고 '농환재'(弄丸齋)라 이름을 붙였다. 그는 이곳에 살면서 말년을 정리했다. "사람들이 사사로운 욕심에 빠져 염치를 잃어버리는 까닭은 만족을 모르기 때문이다. 사람은 모두 어느 곳에서든 살 수 있다."라는 그의 말에서 이때의 심정이 읽힌다. 병환이 생긴 다음에는 "안정을 위해 조화(造化)로 돌아갈 따름이다."라고 하면서 병문안 오는 손님을 사절하기도 했다.

서애는 병이 위독해지자 선조에게 유표를 적어 올렸다. "덕을 닦아 정치의 도를 확립하고, 공정히 보고 들으며 백성을 기르고 어진 이를 임용할 것이며, 군정을 닦고 훌륭한 장수를 가려 뽑으며, 장례를 후하게 치르지 말도록 하십시오." 1607년 66세의 나이로 서애가 서거하자 모두가 애석함을 감추지 못하고 백성들도 4일간 장을 열지 않고 서로 모여 곡을 하고, '공이 아니었다면 우리는 살아남지 못했을 것'이라 했다고 한다.

경북 안동에 자리한 병산서원. 풍산 류씨의 교육기관이던 풍악서당을 류성룡이 이곳으로 옮겨와 지었다. 지금은 서애의 학문과 덕행을 추모하는 곳이다.

국보 제132호 『징비록』, 출처 : 문화재청

2015년 11월, 병산서원 입교당 앞에서 아내와 함께.
입교(立敎)는 가르침을 바로 세운다는 뜻이다.

『징비록』의 의미

　『징비록』은 임진왜란 당시 요직을 맡았던 서애 류성룡이 뒷날을 경계하고자 하는 뜻에서 1592년(선조 25)에서 1598년까지의 일을 직접 기록한 책이다. 임진왜란 당시 조선의 국방 상황과 전쟁 전 일본과의 관계, 전쟁 발발과 진행 상황, 조선과 명의 외교비사, 정유재란 등의 다양한 내용이 담겨 있다.

　"근신하고 두려워하던 마음이 조금 진정되고 지난 일을 생각할 때마다 황송하고 부끄러워 차마 고개를 들 수 없다. 비록 볼 만한 내용은 없지만 이로써 간절하게 참된 마음으로 충성하는 나의 뜻을 표하고 어리석은 신하로서 나라의 은혜에 아무것도 보답하지 못한 죄를 드러내고자 한다."

　서애는 『징비록』 서문에서 이렇게 성리학에 충실한 유학자로서, 한 시대를 풍미한 경세가로서 왕과 나라에 대한 충정을 겸손하게 표현하고 있다. 그는 과연 어떤 마음으로 이 책을 써내려갔을까?

　　순변사 이일은 상주에 머물며 군대를 조직했다. 왜적이 이미 선산에 도착했을 때였다. 저녁 무렵 이를 알아챈 개령 사람 하나가 와서 적이 가까이 왔음을 알려왔다. 그러나 이일은 여러 사람들의 마음을 현혹시킨다는 이유로 그 자를 목 베어 죽이려고 했다. 그 사람은 절규하며 말했다. "내 말을 믿지 못하겠거든 잠시 동안 나를 가두어 두고 기다려 보십시오. 내일 아침에 적이 여기로 오지 않거든 그때 죽이십시오." 이튿날 아침 일찍 이일은 개령 사람을 옥에서 끌어내어 놓고 말했다. "아직도 적에게서 아무 소식이 없다. 네가 민심을 현혹시키고자 지어낸 거짓임이 분명하다." 그러고는 그 죄 없는 사람의 목을 베어 죽였다. 얼마 지나지 않아 조총을 앞세운 왜적은 좌익과 우익으로 나누어 우리 군대를 포위하고 달려들었다. 이일은 시세가 위급하게 된 것을 깨닫고 급히 말머리를 돌려 북쪽으로 달아나니, 군사들도 제 각기 목숨을 건지려고 각자 제 길로 도망하였다. 거의 대다수의 군졸들이 적에게 죽음을 당하고 말았다. 왜적들이 이일을 다급하게 뒤쫓으니, 이일은 말을 버리고 의복을 벗어던지고 머리를 풀어제친 채 알몸으로 달아났다.

한양과 지방에 기근이 심한데다가 군량미를 운반하느라 지친 노약자들이 도랑에 굴러다니고, 건강한 사람들은 도적이 되었으며, 역병까지 겹쳐서 거의가 다 죽었다. 부모자식과 부부가 서로 잡아먹는 지경이었고, 사람 뼈가 들풀처럼 흩어져 있다.

임란 초기의 상황은 이렇게 어이없고 처참했다고 한다. 자신이 재상까지 지낸 한 나라의 민낯이 이런 지경이었다는 것을 서애는 사건 하나하나를 기록하면서 뼈저리게 느끼고 참회하지 않았을까? 사림들이 공맹(孔孟)을 팔아서 자리싸움을 하는 동안에 나라의 기강은 다 무너졌고 백성들은 피폐해질 대로 피폐해진 그 현장을 기록하면서 무슨 생각을 했을까?

그렇다고 『징비록』을 아주 오래된 슬픈 역사라고 치부할 것은 아니다. 오늘날 대한민국의 상황에 주는 교훈과 의미는 결코 적지 않다. 이 책이 후대에 전하는 메시지는 나라가 힘이 없고 국방이 허약하며, 붕당에 휩쓸리고 진실을 외면하면 치욕의 역사는 반복된다는 것이다. 더 나아가 지난 일을 반성하고 후일을 삼가며, 행복한 나라를 자손들에게 넘겨주는 일이 마땅한 도리임을 강조한다고 볼 수 있다.

우리가 역사를 배우는 이유는 과거를 알고, 같은 실패를 되풀이하지 않기 위한 것이다. 시대가 바뀌어 국난의 모습도 크게 바뀌었다. 하지만 국가뿐만 아니라 개개인도 힘을 갖지 못하여 스스로 서지 못하고, 또한 사리사욕과 패거리에 휩쓸려 진실을 보지 못할 때의 결과는 400여 년 전이나 지금이나 크게 다르지 않다. 역사란, 현재를 비추어보는 과거의 거울이다. 역사를 망각한 민족에게는 미래가 없다고도 한다. 『징비록』은 여전히 묻는다. 과거를 보고 미래를 준비하고 있는가?

　송복 교수의 『류성룡, 나라를 다시 만들 때가 되었나이다』를 보면, 임란 당시 왜와 명나라가 한강을 경계로 조선을 분할하여 통치하려 했는데, 서애가 이를 알아차리고 막아냈다고 나온다. 또한 이순신을 발굴해서 조선을 지켜내게 했다. 파직을 당했음에도 조국의 미래를 위해 『징비록』을 집필했다. 이처럼 큰 공을 세운 것은 명백하다. 그러나 임진왜란을 막지 못한 책임의 중심에 있다는 과(過) 또한 분명하다. 그리고 서애 자신의 실책에 대해서 명확하게 언급하지 않은 『징비록』의 한계도 있다.

　이러한 무책임과 무반성의 분위기 속에서 조선은 임진왜란과 정유재란의 뒤를 이어 1627년 정묘호란, 1636년 병자호란을 맞게 된다. 그 누구도 책임지지 않는 가운데 45년 동안 힘없는 조선의 백성들만 전쟁의 참화를 겪어내야 했다. 만해 한용운은 "일본의 침략으로 조선이 망한 것이 아니라 조선의 자멸이라고 했다." 그때의 침입자가 일본이었을 뿐이다.

6장

다산 정약용

어수지계, 정조와 다산

조선 왕조 500년, 왕조 초기에 세종대왕이 있었다면 후기에는 정조대왕이 있었다. 세종 때 집현전이 있었다면 정조 시대에는 규장각이 있었다. 정조는 규장각을 창설하여 재위 24년 동안 재주 있는 현신(賢臣)들이 마음껏 공부하여 나라를 다스릴 역량을 키우게 해주었다.

물고기가 좋은 강물을 만나 마음껏 헤엄치는 모습을 표현한 말이 '어수지계'(魚水之契)다. 훌륭한 임금과 어진 신하가 제대로 만나 서로 존중하고 믿으며 나라를 잘 다스린다는 비유로 쓰인다. 정조 시대 대표적인 신하를 꼽자면 바로 다산이었고,

정조와 다산이야말로 진정한 '어수지계'였다.

다산 정약용(丁若鏞)은 1762년(영조 38년) 지금의 경기도 남양주(마현)에서 진주목사를 역임했던 남인 정재원의 4남 2녀 중 4남으로 태어났다. 아버지 부임지를 따라 지방을 떠돌다가 16세 무렵 서울에서 살게 되면서 자형 이승훈(李承薰)과 이가환(李家煥, 이승훈의 외숙) 등을 통해 근기학파의 중심이던 성호 이익의 학문 세계를 접하고 공부하게 된다. 이러한 어린 시절의 경험은 이후 다산의 학문적 행로에 영향을 끼친 것으로 평가된다.

다산은 21세(1783년)에 진사시에 합격하고, 1789년에 식년 문과 갑과에 급제하여 희릉직장을 시작으로 벼슬길에 오른다. 이후 10년 동안 정조의 특별한 총애 속에서 홍문관 수찬, 사간원 사간, 부호군, 형조 참의 등을 두루 역임했다. 특히, 1789년에는 한강에 배다리를 만들고, 1793년에는 수원성을 설계하는 등 기술적 업적을 남기기도 했다.

한편, 북경을 통해 들어온 서학(西學, 천주교)은 남인 소장학자들 사이에서 활발하게 연구되고 있었다. 다산은 23세에 이벽(李蘗)으로부터 서학에 관하여 듣고 관련 서적들을 탐독했다고 전한다. 이후 제사를 폐해야 한다는 주장과 부딪혀 끝내는 서학에 손을 끊었다고 고백했지만, 천주교 관련 사건이 일어날 때마다 의혹을 받았다. 그러던 중 사회개혁을 밀어붙이던 정조가 1800년에 갑작스레 승하하자 다산을 비롯한 정조의 개혁 파트너들은 중앙 정계에서 축출된다. 그리고 이들이 공을 들였던 개혁의 산물들은 꽃을 피우지 못하고 역사 속으로 퇴장하게 된다.

천주교 박해에 적극적이지 않던 정조와 천주교를 신봉하던 남인 시파 재상 채제공(蔡濟恭)이 죽자 벽파가 실권을 잡고 탄압을 가한 것이 1801년에 벌어진 신유박해다. 이승훈, 정약종 등 전국적으로 300여 명이 순교하는 와중에 다산은 겨우 목숨을 부지하여 경상도 포항 부근에 있는 장기현으로 유배를 당하게 된다. 그리고 곧 이어 발생한 '황사영 백서사건'의 여파로 다시 문초를 받고 전라도 강진으로 유배를 간다. 그는 이 강진 유배기간 동안 억울한 마음을 다스리며 학문 연구에 매진했고, 이를 자신의 실학적 학문을 완성시킬 수 있는 기회로 활용했다.

1818년 57세 되던 해에 유배에서 풀려난 후에는 고향으로 돌아가 은거하면서 강진에서 마치지 못했던 저술작업에 공을 들였다. 자신의 회갑을 맞이해서는 자서전적 기록인 「자찬묘지명」을 저술하고, 500여 권에 이르는 그간의 저서를 정리하여 『여유당전서』를 편찬하였다.

이렇게 조선 후기의 대표 지성으로 평가받고 있는 다산은 75세를 일기로 생을 마감할 때까지 위기에 처한 조선왕조의 현실을 개혁하고자 했으며, 그 개혁의 이론적 근거를 확보하기 위해 선진유학을 비롯한 여러 사상에 대한 연구를 게을리하지 않았다.

강진 사의재와 『심경』(心經)

「빈소를 열고 발인하는 날 슬픔을 적다」(啓引日述哀)

운기 우개 펄럭펄럭 세상 먼지 터는 걸까(雲旗羽蓋拂塵紅)
홍화문 앞에다 조장을 차리었네(弘化門前祖帳隆)
열두 전거에다 채워둔 우상 말이(十二輇車安塑馬)
일시에 머리 들어 서쪽을 향하고 있네(一時昂首向西風)
영구 수레가 밤 되어 노량 사장 도착하니(龍輴夜到露梁沙)
일천 개 등촉들이 강사 장막 에워싸네(燈燭千枝護絳紗)
단청한 배 붉은 난간은 어제와 똑같은데(畫舸紅欄如昨日)
님의 넋은 어느새 우화관으로 가셨을까(猶疑仙蹕幸于華)
천 줄기 흐르는 눈물 의상에 가득하고(千行涕淚滿衣裳)
바람 속 은하수도 슬픔에 잠겼어라(風裏星河氣慘蒼)

성궐은 옛 모습 그대로 있건마는(縱有依然舊城闕)
서향각 배알을 각지기가 못하게 하네(司閽不許拜書香)

『다산시문집』 제4권에 실린 다산의 시다(양홍렬 번역 참조). 다산의 어수지계였던 정조의 죽음을 슬퍼하며 어진을 모신 서향각을 배알조차 하지 못하는 신세를 한탄하고 있다. 이렇듯 정조는 다산의 일생에서 전부나 마찬가지였다. 다산의 삶이 정조와 함께한 18년과 정조 사후 감옥과 유배지에서 산 18년으로 양분되는 이유다. '서학 3인'으로 지목되던 이가환과 이승훈, 정약용. 신유사옥으로 이가환은 옥중에서 죽고 이승훈은 참수당했다. 삼흉 중 다산만이 겨우 살아남았지만 그를 기다린 것은 기나긴 유배생활이었다. 유배지로 떠나기 전 다산이 천진암에서 지었다는 시 한 편을 보자(박석무 번역 참조).

온갖 새들 모두 평온히 잠들었는데
두견새만 외로이 슬피 우네
기구하고 외로우니 짝인들 있으랴만
깃들여 쉴 가지조차 없나봐
지나간 봄바람이나 기억하면서
어두운 밤 되면 두려움만 있겠지
달이 지고 사람이 고이 잠들면

청아한 그런 뜻을 그 누가 알랴

다산의 외로움과 슬픔, 억울함이 묻어나온다. 다음은 유배
지 경상도 장기에서 지었다는 시다.

제비 한 마리 처음 날아와
지지배배 그 소리 그치지 않네
말하는 뜻 분명히 알 수 없지만
집 없는 서러움을 호소하는 듯
느릅나무 홰나무 묵어 구멍 많은데
어찌하여 그곳에 깃들지 않니
제비 다시 지지배배
사람에게 말하는 듯
느릅나무 구멍은 황새가 쪼고
홰나무 구멍은 뱀이 와서 뒤진다오

이 시는 지금 거처하는 유배지가 자기가 있을 곳이 아니라
는 뜻으로, 서러움이 읽힌다. 유배 생활 초기에는 천주교인이
라는 소문이 나서 사람들이 모두 다산을 모른 척했다고 하니
더욱 억울했을 것이다.

사의재(四宜齋)는 다산이 1801년 강진으로 유배 와서 처음

묵은 곳이다. 동문 밖에 있는 주막에 딸린 작은 골방이다. "네 가지를 올바로 하는 이가 거처하는 집"이라는 뜻을 담고 있다. 다산은 생각과 용모와 언어와 행동, 이 네 가지를 바로 하도록 자신을 경계했던 것이다. "생각을 맑게 하되 더욱 맑게, 용모를 단정히 하되 더욱 단정히, 말(언어)을 적게 하되 더욱 적게, 행동을 무겁게 하되 더욱 무겁게" 할 것을 스스로 주문했다.

다산에게 사의재는 창조와 희망의 공간이었다. "어찌 그냥 헛되이 사시려 하는가? 제자라도 가르쳐야 하지 않겠는가?" 사려 깊은 주막 할머니의 이 한마디에 자신이 편찬한 「아학편」을 주교재로 삼아 많은 제자들을 모아 가르치며 연구와 저술에 몰두했다. 다산은 주막 할머니와 그 외동딸의 보살핌을 받으며 1805년 겨울까지 이곳에 머물렀다.

『심경』(心經)은 주자의 제자 진덕수가 편찬한 책이다. 선비들이 몸을 닦고 마음을 다스리는 마음공부에 대한 경구 37편이 실려 있다. 그렇다고 값싼 힐링 방법을 제시해 주지는 않는다. 잃어버린 마음을 찾아가는 방법이라고 해야 맞을 것 같다. 조금의 타협도 없는 선비들의 치열한 수양과 정진의 길이 담겨 있다. 다산은 유배생활 동안 이 『심경』에 의지하여 잃어버린, 놓아버린 마음을 찾기 위해 치열하게 학문에 임했다고 한다. 학문과 마음에 관해서는 『맹자』「고자장구 상」에 다음과 같이 문구가 있다.

"사람들은 닭이나 개를 잃어버리면 곧 찾을 줄 알지만, 잃어버린 마음은 찾을 줄 모른다(人有雞犬放則知求之有放心而不知求). 학문이란 다른 것이 아니라 잃어버린 마음을 찾는 데 있다(學問之道無他求其放心而已矣)."

정약용은 아들에게 "인생은 약한 풀과도 같고 하루 아침에 풀잎에 맺힌 이슬과도 같다."고 말했다. 또한 그는 아들과 조카에게 "문자를 잘 익혀 세상을 밝게 하라."는 말로써 세상을

아내와 함께 다산초당의 초상화 앞에서.

밝히고 세상에 쓰임이 있는 진정한 학문을 하라고 말했다. 정약용은 어느 순간에도 공부를 포기하지 말아야 하고 분노를 견디지 못한 나머지 현실을 피해 도망가면 무지렁이 인생으로 끝나고 만다고 거듭 충고했다(김형섭 번역 참조).

다산의 이러한 삶에 대한 자세는 내게도 큰 울림으로 다가왔음은 물론이고, 우리가 고난을 헤쳐나갈 때 꼭 필요한 지혜라 아니할 수 없다.

일표이서(一表二書)로 마련한 국가 전략

다산이 오랜 기간 지냈던 강진을 떠나 고향 마현으로 돌아간 것은 물론 유배가 풀린 이유이기도 하지만, 속내는 자신의 많은 저술들을 세상 사람들에게 읽히도록 하기 위해서였다고 한다. 초로의 나이에 더 이상 관직에 나갈 수 없었던 다산이 할 수 있는 일은 자신의 소신이 담긴 책들을 널리 알려 읽히게 하는 것이었다. 이후 자신의 호를 다음 시대를 기다린다는 뜻인 '사암'(俟菴)을 즐겨 사용한 것 역시 그런 의미였다.

처음에 다산은 『경세유표』부터 저술했다. 목적은 우리나라를 통째로 뜯어고치자는 데 있었다. 그러나 그러한 거대한 개혁은 유배된 사람으로서 감당할 수 있는 일이 아니었다. 그래서 중도에 그만두고 『목민심서』를 쓰기 시작했다고 한다. 『목민심서』 48권은 목민관으로서 어떻게 해야 하고 어떤 능력과 도덕성을 지니고 어떤 마음으로 백성을 대해야 하는가를 자세하게 기록한 책이다.

다산은 『목민심서』에서 "막히고 가려져 통하지 못하면 백성의 사정이 답답하게 된다. 와서 호소하고 싶은 백성이 부모의 집에 들어오는 것 같이 해야 훌륭한 목민관이다."라고 했다. 박석무 교수에 의하자면 이 책의 키워드 중의 하나인 '민'(民)은 '국민'이 아니라 '사회적 약자'를 뜻한다. 지금 우리 사회에도 절실하게 필요한 부분이 복지적 가치이다. 『목민심서』에 나오는 다음 구절은 오늘날에 적용해도 딱 들어맞는다. "성현은 멀리 있고 그 말씀이 통하지 않으니 그 도가 그치고 시들어 지금 백성을 다스리는 자들은 오직 이익을 거두는 데에만 급급하고 백성을 기를 줄을 모른다. 이에 아래 백성들은 파리하고 야위고 시들어 병들고 서로 쓰러져 진구렁을 메우는데, 기른다는 자는 바야흐로 고운 옷과 맛있는 음식으로 자신을 살찌우니 어찌 슬프지 아니한가."

다산의 방대한 저술이나 시대를 앞선 개혁 사상은 조선 시대를 대표할 만한 지성적 과업으로 꼽힌다. 다산은 200여 년 전의 인물이지만 시대를 뛰어넘어 오늘날에도 충분히 유효한 사상을 제시하고 있다. 대표적인 것이 탕론(蕩論)과 신아지구방(新我之舊邦), 손부익빈(損富益貧)으로 요약되는 정치·경제 사상이다. 종합하면, 다산은 업적평가를 바탕으로 한 공정한 공직자 인사정책, 교육개혁, 보편적 복지의 확대, 공정한 법 집행 등을 제안했을 뿐만 아니라 정책의 실현을 위한 법과 제도의 개혁안을 제시했다.

다산은 회갑을 맞이해서 쓴 「자찬묘지명」에 다음과 같은 말을 남겼다고 한다(조윤제 번역 참조). "육경(六經)과 사서(四書)로 몸을 수양하고 1표(경세유표)와 2서(목민심서, 흠흠심서)로 천하와 국가를 다스리고자 하였으니 근본이 구비되었다고 판단하였다. 그러나 알아주는 사람은 적고 꾸짖은 사람은 많다. 만일 천명이 허락해 주지 않는다면 한 번에 온통 불태워 버려도 좋을 것이다." 참으로 비장하다.

다산이 꿈꾼 정치

다산은 온 나라가 썩지 않은 곳이 없다며 전체적인 변혁을 주장한 개혁가였다. 그는 임금은 임금답고, 양반은 양반답고,

백성은 백성다운 세상을 만들고 싶었다. 또한 주류 사회의 낡은 이념을 바꿔보고자 했다.

개혁과 부패방지를 위한 대안이던 그의 학문과 사상은 그의 생전이나, 200여 년이 지난 오늘의 현실정치나 정책에 제대로 반영되지 못하고 있다. 18년의 오랜 귀양살이 기간은 얼마나 서러운 세월이었을까. 그러나 다산은 직설적으로 서럽고 고달프다는 말을 한 적이 없었다. 책을 읽고 쓰면서 이를 극복하고자 했다. '심서'(心書)라는 두 글자에 바로 그 안타까움이 서려 있다. "'심서'라고 말하는 것은 무슨 까닭인가. 백성들을 편하게 보살펴 주려는 마음은 있으나 몸소 실행할 수는 없다. 때문에 마음만 있는 책[心書]이라 이름 지은 것이다."라고 박석무 교수는 설명한다.

다산은 『여유당전서』 시문집(산문) 10권에 실린 「원정」(原政)이라는 글에서 정치가 무엇인지를 명료하게 설명했다. "정치란 정당하고 바르게 해 주는 일이자 우리 국민들이 고르게 살도록 해 주는 일이다(政也者 正也 均吾民也)." 이에 대해 박석무 교수는 "똑같은 죄를 범했으나 누구는 무사하고 누구는 큰 벌을 받게 된다면 그것은 정당하지도 바르지도 않은 정치라고 보았다. 온갖 불법을 감행하고도 누구는 고위직에 오르고, 누구는 벌금을 물고 감옥에 가는 처벌을 받는다면 그것도 바른 정치가 아니다."라고 설명한다.

공정과 정의의 그 개념이 실현되어야 미래가 있는 사회이다. 어느 계파의 정치인은 잘못해도 무사하고 어느 계파의 정치인은 잘못하면 벌을 받아 불이익을 받는다면 공정하고 바른 사회가 아니다. 특정 지역이나 사회단체에만 국가 예산이 많이 투입되고 정말 필요한 지역이나 사회단체에는 예산이 적게 투입된다면 그것도 바르거나 고른 사회라고 말할 수 없다.

또한, 다산은 "마을 사람들이 추대하여 이장을 뽑고 이장들이 모여 면장을 뽑고 면장들이 모여 군수를 뽑는다."라는 상향식의 관리자 선출을 주장했다. 그러면서 "백성들의 여망에 따라 이장이 법을 만들어 면장에게 올리고, 면장이 법을 만들어 군수에게, 군수가 법을 만들어 도지사에게, 도지사가 모든 도민들의 여망에 따라 법을 만들어 나라의 통치자에게 올린다."라고 했다. 200년 전에 이미 다산은 국민들의 여망에 따라 법을 제정하고 집행하는 합리적 시스템의 법치 국가를 제안했으니, 선각자라 아니할 수 없다.

다산은 18년간의 유배 중에 많은 저작을 남기며 나라다운 나라, 공정한 나라를 끝없이 추구했다. 당시 조선 사회는 왕족이나 귀족의 범죄는 상민이나 노비들의 처벌에 비해 관대한 편이었다. 그럼에도 불구하고 다산은 특히 돈과 힘이 없는 사회적 약자들 보호에 힘썼다. 다산은 정조대왕에게도 "왕족이라고 봐 줄 수 있나?"라고 바른말을 주저하지 않았다고 한다. 국기(國紀)를 흔든 각종 사건에 대한 정조의 판결에 문제가 있다고 판단되면 자신의 소신을 거침없이 건의했다. 억울한 피해자가 없도록 하되, 실체적 진실을 밝혀야 한다는 그의 소신을 굽히지 않았다. 이는 그의 대표작 중 하나인 『흠흠신서』에 잘 드러나 있다. 한자의 '흠흠'(欽欽)은 '조심스럽고 조심스럽게'란 뜻이다.

오늘을 사는 우리는, 다산의 200년 전 『흠흠신서』를 다시 공부해야 할 것 같다. 선인들의 지혜는 우리의 잠든 영혼을 깨어나게 하고 행동을 바꾸어 건강한 삶을 이끄는 기반이 된다. 갖은 고초와 역경을 겪으면서도 좌절하지 않고 이를 극복한 다산의 의지와 배려, 겸양의 자세는 참으로 대단한 것이다. 다산은 인간의 참모습을 되찾기 위해서는 원칙이 분명하고 절차가 공정해야 한다고 강조했다. 이는 오늘날에도 우리가 되새겨야 하는 부분이다. 진리는 과거나 현재나 미래에 모두 변함없이 존재하기 때문이다.

인생에서 알고 하는 것과 배워서 하는 것은 크게 다르다. 더구나 모르고 하는 것은 확연하게 다르다. 무턱대고 인생길을 걷는 것과 생존의 의미를 되새기며 인생을 다듬어 가는 것과는 더 크게 다르다. 자기성찰은 과거나 현재뿐만 아니라 미래에도 소중히 간직할 중요한 덕목이다. 자기성찰을 통해 울림 있는 삶을 하루하루 느끼며 살아갈 때 진정한 행복은 우리 곁에 있지 않을까?

제4차 산업혁명을 눈앞에서 목도하고 있는데도 불구하고 우리 사회는 아직도 이념 논쟁에서 자유롭지 못하다. 또한 어떤 정부에서든 권력형 비리 사건이 자주 발생한다. 이는 공직자나 권력자의 마음에 준법 의지와 애민 정신이 없기 때문이다. 철학자 비스마르크는 "지혜로운 자는 역사에서 배운다."고 했다. 윌듀란트는 "역사는 생물학의 한 조각이다. 인간의 생명은 육지와 바다에서 유기체들이 겪는 온갖 우여곡절의 일부다."라고 말했다.

윤회가 단지 반복되는 삶이 아니듯 역사에 반복은 없다고 한다. 그러나 반복되는 어리석음은 있다. 다산의 삶은 200여 년 전의 일이지만, 오늘날 우리에게 던지는 의미는 크다. 오늘날 21세기에도 이념과 색깔의 정치문화가 개선되지 않는다면 4차 산업혁명시대에 번영하는 성공국가로 갈 수 있는 기회를 흘려보내고 다시금 실패한 나라로 되돌아갈 수도 있다.

3부

희망은 만들어 가는 것

7장

육종의 매력에 빠지다

다윈과 멘델, 서유구

1800년대 유럽은 전통과 근대가 교차하는 시기로 자연과학에 대한 연구가 활발해지기 시작한다. 그런데 이러한 자연과학의 발달이 신에 대한 도전으로 인식되어 많은 과학자들이 시련을 겪게 된다. 그 중 대표적인 사람이 찰스 다윈이다.

찰스 로버트 다윈(1809~1882)은 우주의 생성과 생명의 탄생이 창조주의 은총과 의지에 의해서 이루어진 것이 아니라, 자연의 법칙에 따라 저절로, 그리고 우연히 나타난 결과라고 주장했다. 변이(變異)야말로 이 세상에 실존하며, 변화를 일으키는 주체이며, 다름 즉 차이가 곧 아름다움이며 삶의 새로움을 잉태하는 원동력이라고 했다. 신으로부터의 이탈이었다.

다윈의 이론은 두 가지로 되어 있다. 하나는 '진화'의 이론으로 모든 생물은 하나의 공동 조상에서 점진적으로 변화와 변이를 거친 후에 많은 종으로 분화되었다는 것이다. 또 다른 하나는 '자연도태'의 이론으로 자연에서 일어나는 사건들이 생물을 도태시켜서 환경에 더 잘 적응하는 개체는 살아남아 번식했다는 것이다. 그의 역작 『종의 기원』은 유명하지만 정작 읽은 사람은 별로 없는 고전 중 하나다. 이 책의 핵심 개념은 '자연선택'이다.

"어떤 개체들에게 유용한 변이들이 실제로 발생한다면, 그로 인해 그 개체들은 생존 투쟁에서 살아남을 좋은 기회를 가질 것이 분명하다. 또한, 대물림의 강력한 원리를 통해 그것들은 유사한 특징을 가진 자손들을 생산할 것이다." 다윈은 이런 보존의 원리를 자연선택이라 불렀다. 변이가 신의 섭리가 아니라 생물들이 생존 투쟁하는 과정에서 자연적으로 벌어지는 선택이란 뜻이다.

다윈의 변이에 대한 이론은 이후에 식물 품종 개량 기초이론으로 자리를 잡는다. 오늘날 식량자원으로 개량된 작물은 원래의 식물과는 다른 기형식물로 변화된 것이다. 다윈이 없었더라면 품종 개량의 역사는 그만큼 더 늦어졌을 것이다.

'살아남는 것은 강한 종이 아니라 변화하는 종'이라는 말을 많이 들어보았을 것이다. 이 명언이 실린 『종의 기원』은 인류가 처음부터 위대했던 종(種)이 아니라 침팬지와 600만 년 전쯤 어떤 공통 조상에서 갈라져 나온 사촌지간으로 인식하게 해서, 인간을 겸허하게 만든 책으로 평가되기도 한다. 다윈은 1882년 73세를 일기로 "나는 죽음 앞에 일말의 두려움도 갖고 있지 않다."라는 유언을 남기고 세상을 떠났다.

그레고어 멘델(1822~1884)은 그가 수도사로 있던 교회의 뜰에서 1856년부터 완두를 가지고 유전 실험을 하여 '멘델의 법칙'을 발견했고 1865년에 이를 발표했다. 멘델의 법칙은 완두의 7가지 대립형질을 대상으로 다음 세대에 나타나는 표현형질의 수학적 분석을 통해 수립한 우열의 법칙, 분리의 법칙, 독립의 법칙을 말한다.

그러나 멘델의 법칙은 그의 생전에는 주목받지 못하다가 사후인 1900년대에 재조명되어 현대에 이르기까지 유전학의 기본으로 받아들여지고 있다. 그의 연구는 유전과 진화의 문제를 해석하는 데 획기적인 대발견이었으며, 실질적이고도 명확한 근거를 통해 주장을 완결했다는 데 의의가 있다. 그가 완두콩으로 실험했던 교회 뒤뜰 멘델의 대리석상에는 "나의 시대는 반드시 온다."는 문구가 새겨져 있다. 다윈과 멘델과 같은 앞서 간 석학자가 있었기에 폭발적으로 증가하는 전 세계 인구를 먹여살릴 수 있는 식량의 품종을 만들 수 있는 기초가 마련되었다. 멘델과 다윈의 자연과학적 사고는 그 시대에 신(神)에 대한 도전으로 인식되어 유배되거나 귀양길에서 자연의 법칙을 발견하게 된다.

그 시대 우리나라에서도 실용학문이 싹 뜨고 있었다. 조선 정조 때의 서유구(1764~1845)는 뛰어난 학문 수준으로 정약용과 함께 정조의 신임을 받은 조선 후기 대표적인 실용주의자다. 그가 40년에 걸쳐 집필한 『임원경제지』(林園經濟志)는 조선의 브리태니커로 불릴 만큼 대단한 일종의 백과사전이다. 그는 당시 주류이던 관념적 학문을 먹을 수 없는 '흙국과 종이떡'(土羹紙餠)이라 비판하고 백성들의 굶주림을 해결할 수 있는 실용적 학문을 추구했다. 그러나 선각자의 말로는 역시 험난했다. 서유구는 세도정치의 벽을 넘지 못하고 김달순 역모 사건에 연루되어 1806년 정계에서 추출된다. 그리고 낙향하여 18년간 초야에서 백성과 함께 보내야 했다.

세상을 바꾼 씨앗 한 톨

인류가 먹는 것에 대한 걱정을 떨쳐버린 때는 그다지 오래되지 않았다. 1980년대에 이르러 생산성이 높은 새로운 작물이 개발되고, 비료와 농약을 사용하기 시작하면서 단위면적당 작물 생산량은 비약적으로 증가하게 된다. 이 덕분에 인류는 식량난에서 마침내 해방되게 된다.

이러한 인류의 역사와 발전을 이끌어 온 원동력은 '씨앗'이라고 할 수 있다. 인간의 진화과정에 대한 가설과 추측은 물론이거니와 질병과 전쟁과 자연재해까지도 씨앗이 관련돼 있다. 미국 스미소니언 연구소의 콜럼버스 탄생 500주년 기념관 고문이었던 헨리 홉하우스는 『역사를 바꾼 5가지 씨앗』(*Seeds of Change*)이라는 책에서, 말라리아의 치료제 원료인 키니네, 미국 남북전쟁의 발단이 된 목화, 유럽문화를 바꿔놓은 차(tea), 서인도제도의 새 작물인 사탕수수, 인류를 기아에서 구한 감자를 인류 역사를 바꿔놓은 5대 씨앗으로 정의했다. 그에 따르면 인류사는 인간에 의해서만 변화하고 발전한 게 아니라 감자와 같은 자연산물에 의해 역사가 더욱 발전하게 되었다고 한다.

씨앗(종자)은 내년에 먹을 작물을 위해서만 있는 것이 아니다. 미래의 식량증산을 위해서 야생의 종자뿐만 아니라 재배하지 않는 오래된 종자도 중요한 유전자의 어머니로서 소중하게 보존해야 한다. 우리 땅에 적합한 수종 연구를 통해 산림녹화에 크게 공헌한 바 있는 현신규 박사는 "현대농업에 있어서 우량종자의 계속적인 확보 없이 안정되고 지속적인 농업성장을 기대할 수 없으며, 농업성장 없이 다른 산업의 발전은 생각할 수도 없다."라고 말했다.

다수확 작물을 개발하여 개도국 기아 퇴치 공로로 1970년 노벨 평화상을 수상한 농학자 노먼 블로그는 노벨 평화상 수상 특별강연에서 다음과 같이 식량자원의 중요성을 강조한 바 있다. "사회 정의를 위해 가장 긴요한 구성요소는 모든 인간을 위한 충분한 식량입니다. 식량은 이 세상에 태어난 모든 사람의 도덕적 권리입니다. 그러나 아직도 오늘날까지 세계의 많은 사람이 굶주리고 있습니다. 식량 없이는 인간은 고작해야 몇 주밖에 살지 못하며, 식량이 없이는 사회 정의를 위한 모든 다른 요소들은 무의미한 것들입니다."

작물 육종은 식물유전자를 우수한 것으로 바꾸고 조합하여 인간이 원하는 유전자형을 창출하는 과학기술이다. 육종을 통해서 우수한 작물과 품종을 개발함으로써 식량조달과 종자산업, 더 나아가 바이오산업으로 발전할 수 있기에 국가적 산업으로 매우 중요한 것이다.

1965년 필리핀의 국제미작연구소(IRRI)에서 개발한 기적의 볍씨로 알려진 IR8 벼품종은 동남아 국가에서 기존 품종의 10배 가까운 수량성을 올리고 있었다. 당시 서울대 허문회 교수가 IR8을 모본으로 하고 일본 북해도 극조생 Yukara와 대만 재래종인 Taichung Native I (TNI) 간의 잡종을 부본으로 삼원교잡을 실시했다. 다른 생태형 간 교배에서 나타나는 불임현상을 극복하는 기술이 개발되고, 농촌진흥청 국립식량과학원의 우량계통 조기선발 덕분에 원연교잡(遠緣交雜)에 의해 전혀 새로운 초형의 품종인 '통일벼'를 1971년에 개발하게 되었다. 통일벼는 기존의 일반벼 품종보다 수량이 40% 이상 많아 '기적의 벼'로 불리게 되었고, 우리나라 녹색혁명의 주역이 되었다.

1980년 이후 쌀 품질의 중요성이 강조되면서 새로운 기능성 쌀 품종 개발로 이어졌다. 우리나라의 작물 육종은 비교적 짧은 역사에도 불구하고 괄목할 만한 성과를 이루어 냈다. 벼에 대한 육종 및 재배 기술은 세계 최고 수준에 도달해 있다고 해도 과언이 아니다. 그러나 세대별(X, Y, Z)로 요구되는 쌀 품질에 대한 가치가 다르고 기후변화 등으로 재배환경이 변하기 때문에 육종의 목표를 달리하여 생명공학기법을 활용한 육종 효율을 높이는 연구가 계속 되고 있다.

기능성 쌀 슈퍼자미와 슈퍼홍미

초기의 농업연구는 정밀첨단기기로 식물을 분석하고 그 내부를 속속들이 들여다보면서 문제점을 파헤치고 처방을 하기보다는, 겉으로 보이는 현상의 차이를 면밀히 살피고 일반 속성을 밝혀 처방을 찾는 연구였다. 그러나 1990년대 이후 평균 수명이 길어지고 삶의 질에 대한 관심이 높아지면서 쌀에 대한 인식이 크게 바뀌게 되었다. 쌀에 대한 관심이 수량보다 품질로 간 것이다. 특히 노화 억제와 항암 쌀에 대한 관심이 커졌다.

모내기에 땀 흘리고 있는 필자.

나는 농촌진흥청의 과제 "고기능성 쌀 품종 육성연구"를 2000년부터 본격적으로 시작하게 되었다. 천연 색소 중에서 항암과 항산화 기능이 뛰어난 색소가 C3G다. 다양한 색소 중에서 이 C3G 색소만을 가진 쌀 유전자원을 찾게 되었다. 2001년 가을 햇살이 눈부신 10월이었다. 가슴이 벅차올랐다. 박순직 교수님께서 두 유전자원을 가지고 교배조합을 만들었는데 F_1 조합에서 C3G 함량이 쌀 100g에 200mg 수준이었던 것이 2,300mg 함유한 계통으로 변했던 것이다. 박 교수님께서는 계속해서 HPLC와 GC-Mass 등 분석을 다시 해 보라고 했다. 결과는 계속 같았다. 전자현미경으로 종피를 확인하니 특정부위가 두꺼워져 10배 이상 높았던 기적의 결과를 알게 되었다.

나는 이 씨앗을 녹색혁명에 이은 자색(紫色)혁명이라고 감히 부르고 싶다. 이 종자를 '슈퍼자미'로 이름을 짓고 일본과 미국에 특허등록을 했고, 우리나라의 국립종자원에 품종 등록을 했다. 이러한 결과는 정부로부터 인정을 받아 대한민국 100대 연구성과패와 농림과학기술대상(3회)으로 이어지는 영광을 안겨 주었다. 내가 학문 연구 기반이 약하다고 하던 방송대에 부임하여 20여 년간 100여 편의 논문과 20여 건의 특허를 낼 수 있었던 힘의 원천은 바로 이러한 첨단 분야와의 연결과 융합의 결과였다.

흑자색 현미에 함유되어 있는 안토시아닌 중 가장 많은 부분을 차지하는 기능성분인 C3G(Cyanidin 3-Glucoside)는 시력 개선·항당뇨·항아토피 기능이 뛰어난 천연색소 중의 하나로, 내가 1998년 미국 유학 중에 쌀에서 발견하게 된 것은 큰 행운이었다. 이러한 C3G 함량이 보통의 흑자색 쌀보다 10배가 많은 쌀이 슈퍼자미벼 품종이다. 또한, 영양 물질과 생리활성의 보고인 배아(씨눈)가 보통 쌀보다 3배 크고, C3G 성분도 보통 검정쌀보다 2배 많은 큰눈자미와, 쌀알의 무게가 보통쌀의 2배이며 C3G 성분도 3배 많은 '대립자미벼' 품종을 개발했다.

슈퍼자미는 항산화 효과가 우수했으며, 동물을 통한 실험에서 항당뇨·항아토피 기능이 현저히 높게 나타났고, 큰눈자미는 항산화 기능이 강한 토코페롤, 식물성 스테롤, 생장촉진 물

슈퍼자미
품종등록 제4151호
특허 (일본) 제3986499호
(미국) US7829771호

질인 오리자놀 함량이 높고, 고혈압 예방 및 신경안정물질인 감마아미노닉산(GABA) 함량도 높다. 최근에는 슈퍼자미의 C3G 함량을 좀 더 높인 '슈퍼자미2호', '슈퍼자미3호', '슈퍼자미4호'와, 생산지역 등을 고려하여 수확시기가 '빠른 슈퍼자미'와 '느린 슈퍼자미' 품종도 개발했다. 또한, 찰기 성분이 높은 '슈퍼자미찰'도 개발했다.

슈퍼홍미벼 품종은 식후 혈당 상승을 획기적으로 감소시키는 기능이 있으며, 지금까지 전혀 발견되지 않았던 항고혈압, 항당뇨, 항산화 효과가 있는 탁시폴린(taxipolin) 성분이 현미 100g당 약 67mg 함유되어 있다.

탁시폴린이란 플라보노이드 계열의 폴리페놀 화합물로서 고혈압, 당뇨, 관절염, 위염 등의 치료효과가 있는 성분이다. 탁시폴린 성분은 지금까지 약용식물인 천년초, 양파의 갈색

슈퍼홍미
품종등록 제7365호
특허 10-2016-0088910
　　　10-2016-0088848

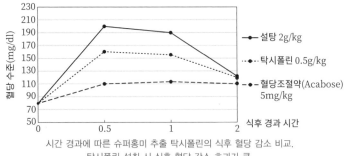

시간 경과에 따른 슈퍼홍미 추출 탁시폴린의 식후 혈당 감소 비교.
탁시폴린 섭취 시 식후 혈당 감소 효과가 큼.

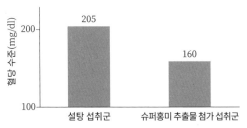

식후 30분의 설탕 섭취군과 슈퍼홍미 추출물 첨가 섭취군의 혈당 비교.
슈퍼홍미 섭취군에서 식후 혈당이 훨씬 감소되었음.

부위에 있는 것으로 알려져 왔다. 추출물을 이용한 동물실험에서 식후 30분의 혈당 수준이 설탕섭취군(205mg/dl)에 비해 슈퍼홍미 추출물 첨가섭취군(160mg/dl)에서 약 22% 감소된 결과를 얻었다.

슈퍼홍미는 그 섭취를 통해 필수 에너지원인 탄수화물을 충당하면서 동시에 당뇨를 억제하는 이중의 순기능을 수행하는 품종으로서 우리나라를 비롯, 쌀을 주식으로 하는 국가들의 국민 건강 증진에 크게 기여할 것으로 생각된다. 따라서 농업 발전의 출발점이 되는 종자를 소중히 여기고, 시대적 요구에 부합하는 종자를 개발하고, 종자산업을 육성하여 농업 발전의 원동력으로 삼아야 한다.

이러한 나의 연구성과는 1990년대 일본 나고야대학과 미국 뉴저지주립대학에서의 연수와 서울대 천연물과학연구소에서의 연구경험이 바탕이 되었다. 그리고 육종학을 주변 첨단 학문과 연결하고 융합한 결과였다. 자기 분야의 학문만을 고집하고 타 분야의 변화를 읽지 못하면 연구성과는 그 만큼 작아질 수밖에 없다. 변화하는 세상을 읽으면서 첨단 분야의 기술들을 지속적으로 수용할 때 비로소 우물 안의 개구리가 아니라 우물 밖의 개구리로 변신할 수 있다. 전문가일수록 우물 밖으로 과감하게 나아가는 액티브러닝 교육을 지속적으로 수용할 때 미래 희망은 그만큼 커질 것이다.

미래 성장동력 농업

"당신이 무엇을 먹는지 말해 달라. 그러면 당신이 어떤 사람인지 말해 주겠다."라거나, "먹는다는 것이 곧 인간 자체."라는 말이 있다. 무엇을 어떻게 먹는가에 따라 인간의 됨됨이뿐만 아니라 삶의 자체도 달라질 수 있다는 의미이다. 과거에도 그랬듯이 미래에도 먹는다는 것은 여전히 중요할 것이다.

인간은 자신의 음식문화에 깊이 관련되어 살게 마련이다. 전통이 농업을 통해서 이어져 왔듯이 먹거리는 그 민족의 삶이고 혼이 아닐 수 없다. 그렇다면 우리의 삶과 혼은 어떤 것인가?

먹거리의 시작은 씨앗이다. 씨앗은 인류가 쌓아 온 위대한 공익적 문화유산이다. 수천 년에 걸친 피땀 어린 연구 노력과 그 지혜들로 세계 각처의 다양한 농사방법들이 오늘의 과학기술로 이어졌다.

조선 말기 총 인구 1,700만 명의 90% 이상이 농사에 매달려 살았지만 백성들은 대다수가 초근목피로 연명했다. 그러나 2020년 현재 우리나라는 80만 정보의 논과, 총 인구 5% 내외의 농민의 손만으로도 5,000만 명이 쌀을 자급자족하는 상황이다. 이는 씨앗을 만드는 육종기술과 농기계, 비료, 농약 등의 재배기술이 연결되어 이루어낸 성과이다.

21세기는 융합의 시대다. 농업문제를 농업만으로는 해결할 수 없다. 큰 비전 속에서 다른 산업과 연계하고 결합하여 새로운 미래를 개척해야 한다. 개발된 쌀 품종이 살아가는 논(畓)은 자자손손 보존해야 하는 터전이다. 경제논리를 넘어 일정 부분은 국가가 책임지고 유지해야 한다. 100만 정보가 마지노선이라고 생각했던 논 면적이 무너진 지 오래다. 논이 없고 농민이 없는 경우를 연상해 보자.

논과 농민이야말로 현재와 미래를 위하여 어떤 역할을 해왔는지 되짚어보고, 그들이 생태계를 보전하고 국민의 식량을 생산하는 갸륵한 역할을 새롭게 인정해 주어야 한다. 논과 농민이 경쟁력을 유지하기 위해서 종자산업의 육성은 대단히 중요하다. 그러나 농업이 미래 산업으로서 제 역할을 하기 위해서는 무엇보다도 농업 부문에 젊고 유능한 후계자들이 들어와야 한다.

1971년 노벨상을 수상한 미국 경제학자 사이먼 쿠즈네츠는 "한 나라가 농업발전 없이 중진국까지는 갈 수 있지만 결코 선진국이 될 수 없다."고 지적한다. 우리나라가 농업선진국으로 발돋움하기 위해서는 지금 우리가 어디에 서 있는지를 명확히 판단해야 한다. 농업과 식품산업은 향후 예상되는 식량

위기 그리고 이미 현실화된 고용위기 등에 대처하고 미래 성장 동력을 찾아내기 위해 국가적 관심을 집중해야 하는 대상이다. 가족농 중심에서 규모화된 농장 생산자 중심으로 전환해야 한다. 고효율 유통 시스템, 시설 농업과 축산업, 첨단 IT 기술과 바이오테크놀로지 전시장, 서비스산업으로서의 농업, 바이오 산업화, 고령농업인을 위한 복지프로그램 등의 확충이 시급하다.

농업은 21세기 식량무기화 가능성에 대비하는 전략산업이다. 그리고 대규모 고용을 창출하는 고용산업이자 바이오산업 시대에 가장 중요한 핵심 소재산업으로 그 역할을 할 것으로 본다. 따라서 우리나라 농업이 나아가야 할 방향과 비전을 명확하게 설정해야 할 시점이다.

8장

교육의 미래

자발성과 창의성

스스로 동기 부여를 할 수 있으면 아무리 힘든 일이라도 거뜬히 해내게 된다. 2014년 10월 교육부로부터 총장임용거부 처분 통보를 받고서 무조건 지리산으로 떠났다. 땀을 흘리며 걸으면서 생각을 정리해 보고 싶었다. 새벽에 노고단을 출발해 천왕봉까지 1박2일에 걸쳐 종주를 하고 났을 때의 그 기쁨은 대단했다. 물론 무거운 장비를 지고 걷는 일은 힘들었다. 누가 억지로 가자고 했다면 중도에 하산했을 것이다. 그러나 내가 스스로 나서서 그런지 힘든 상황을 이겨 낼 수 있었다. 이때의 경험으로 이후 한라산과 설악산 등 여러 산을 찾게 되었고 등산이 취미가 되었다.

이러한 자발성은 공부에서도 마찬가지다. 다만, 일정 궤도까지 올라가야 한다. 거기까지는 고된 연습이 필요한데, 이 과정을 견디게 하는 힘은 자발성에서 나온다. 모르던 것을 하나씩 알게 되고, 파편적이던 정보들이 어느 한순간에 좍 연결되어 "아, 그것이 이것이었구나!" 하는 통찰을 얻는 순간의 쾌감을 경험하게 되면 공부도 중독의 단계로 접어든다.

나는 이런 쾌감을 나이 30이 되어서야 깨달았다. 그리고 농촌진흥청 연구원과 방송대 교수로서 30년 동안 국제 및 국내특허 21건과 10개의 쌀 품종 개발, 140여 편의 국제 및 국내논문, 15건의 전문서적 발간 등을 이뤄냈다. 스스로 필요해서시작했고 이를 즐기면서 했기 때문에 지치지 않고 계속할 수있었다. 자발성은 호기심에서 오고 인내심을 향상시킨다.

최근 인공지능(AI) 시대가 도래하면서 기계가 대체할 수 없는 인간 고유의 영역이 어디인가에 대한 고민이 시작되었다. 기억력, 계산력 등 인지능력과 관계된 영역들은 AI가 우선적으로 대체하게 될 것이다. 때문에 미래 교육은 인지능력을 넘어서 자발성, 인내심, 집념, 열정, 회복탄력성 등과 관계된 비인지능력(grit)을 향상시키는 것이어야 한다. 바로 여기에서 창의성이 나오기 때문이다.

김주환 연세대 교수는 창의적 문제해결력을 향상시키는 가장 확실한 방법은 긍정적 정서를 유발시키는 것이라고 주장한다. 긍정적 정서의 유발은 문제해결력이나 판단력을 관장하는 전두엽의 기능을 활성화시킨다. 반면 스트레스나 짜증, 분노, 공포 등의 부정적 정서는 편도체를 활성화시키고 전두엽의 기능을 약화시킨다. 이는 스스로 감정조절을 잘해 낼 수 있는 사람이 창의적 문제해결력을 발휘할 수 있다는 뜻이다. 특히 긍정적 감정을 스스로 불러일으킬 수 있는 능력이 중요하다. 긍정적 정서는 대인관계력뿐만 아니라 무언가 새로운 것을 찾으려는 호기심과 적극성도 향상시킨다.

혁신은 창의적 문제해결력에서 나온다. 세계적인 기술혁신가 제이 새밋은 그의 저서 『파괴적 혁신』에서 이렇게 말했다. "여러분은 선택권이 있다. 자신의 꿈을 좇든지, 아니면 남에게 고용되어 그가 꿈을 이루도록 돕든지 둘 중 하나다. 위대한 혁신가들은 끊임없이 자신을 재창조하고 새로운 커리어를 만들어 나갔다. 그들은 결코 지금 자리까지 잘릴까 두려워하지 않았다. 자리란 내가 만들면 되는 것이기 때문이다. 그들은 자신의 운명을 스스로 개척했다."

액티브 러닝

정보사회가 되면서 조직에서 어떤 문제가 발생했을 때 단편적 지식만으로는 해결이 어렵게 되었다. 제대로 된 해결책을 찾기 위해서는 관련 지식의 '암기'에 더해 평소에 '왜 그렇게 될까'라는 의문을 던지고 흐름을 파악하는 '문제 해결형 사고'가 필요하다.

학력의 양상 또한 변모하고 있는 중이다. 학력을 길러서 지향해야 할 '목표'가 바뀌고 있다. 창의성, 표현력, 소통력에 기반한 문제 해결 능력에 초점이 맞춰지고 있다. 목표가 바뀌면 이를 준비하기 위한 학습방법도 달라진다. 이와 관련해서는 '액티브 러닝'(active learning)이라 불리는 학습방법이 주목받고 있다.

사이토 다카시(齋藤孝) 메이지대학 교수는 『사이토 다카시의 진정한 학력』에서 액티브 러닝을 '새로운 학력'이라 칭했다. 이는 교과서 없이도 개인이 주체적으로 문제를 발견하고 해결책을 생각한 후 이를 타인과 공유·심화하여 최종적인 판단을 내리는 '문제 해결형 학력'을 말한다. 이에 반해 교과서처럼 체계적으로 정리된 지식을 암기하고 재생하는 능력을 기본으로 삼는 것을 '전통적 학력'이라고 했다.

새로운 학력이 요구하는 실천적 지식은 암묵지(暗默知)와 신체지(身體知)를 공유하고 이를 명확한 형식지(形式知)로 만들어 나가는 과정이라는 것이다. 여기서 암묵지는 언어화되지 않은 지식, 형식지는 언어화되어 종이에 적는 명시적인 지식, 신체지는 언어화된 지식과 대비되는 개념으로 예술가나 스포츠 선수, 장인들이 가진 지식을 말한다.

"거대한 다리를 세계 최초로 설계한 전문가들의 도구는 도화지와 연필 하나였다고 한다. 중세의 대성당을 지을 때부터 전수되어 온 유럽 건축 기술과 창의력의 정수는 그들 머릿속에 있다. 이런 기술은 그 기술을 보유한 회사를 사들여도 확보할 수 없는 경우가 태반이다." 서울공대 26명의 교수들이 쓴 『축적의 시간』에 나오는 암묵지의 중요성에 대한 이야기다. 선진국의 절대 보호 기술은 어떤 비밀문서에 적혀 있는 것이 아니고, 대부분 문서화할 수도 없는, 그 나라 인재들이 수십, 수백 년간 개인과 조직의 머리와 가슴에 체화된 유·무형의 암묵지다. 노력과 시간을 필요로 하는 지식이다.

미래 교육에서는 전통적 학력과 새로운 학력을 어떻게 연결하고 융합하느냐를 고민해야 한다. 연결은 A+B=AB로, 융합은 A+B=C로 표현할 수 있겠다. 액티브 러닝을 실제적으로 구현하는 방법은 고전 강독, 토론과 발표 등을 통해 주체적으로 학습하게 하는 것이다. 방식으로 보자면 온·오프라인 교육을 융합한 블렌디드 러닝(blended learning)과 거꾸로 학습으로 불리는 플립 러닝(flipped learning)을 통해 학생 개개인의 지식수준과 학습속도에 맞추어 개별화된 학습을 할 수 있도록 지원하는 맞춤학습(adaptive learning)을 제공하는 것이다.

변혁이 필요한 대학교육

우리나라가 국제경쟁에서 살아남기 위한 유일한 자원은 인적 자원이다. 인적 자원의 경쟁력을 배양하지 못하면 희망이 없다. 따라서 우리나라 대학은 특별한 의미가 있다. 전쟁과 가난을 극복하고 세계의 이목을 사로잡는 강국이 되기까지 대학은 인재를 길러내고 기술을 선도하는 마르지 않는 샘물이었다.

그러나 우리 대학들은 획일화된 교육과정으로 이제 한계에 봉착했다. 경제·사회·정치적 역할과 정당성을 상실한 채 위기를 맞고 있다. 조동성 인천대 전 총장은 대학의 혁신이 필요한 이유를 세 가지로 요약했다. 현재 전략으로 기존 목표를 달성할 수 없고, 새로운 목표가 생기고 있으며, 환경이 바뀌었다는 것이다.

우리나라 대학은 시급히 혁신적 프로그램을 통해 미래 먹거리 창출을 위한 교육으로 대전환을 해야 한다. 대학입시 자율화를 추진하여 선발기준도 학교마다 그 특성에 따라 다르게 하여 서열화를 없애야 한다. 대학마다 강점 분야를 특성화하고 학생이 어떤 분야에서든지 국가대표선수가 되도록 양과 질 양면에서 공부를 최대한 할 수 있도록 지원하여 창의력을 발휘할 수 있도록 해 주어야 한다.

대학에서 학생을 가르치는 방식도 변해야 한다. 교수가 일방적으로 내용을 전달하는 하이테크 방식보다는 학생이 자발적으로 다양한 학습경험을 하도록 디자인해 주는 하이터치 방식으로 가야 한다. 『메가트렌드』의 저자 존 나이스비트는 "하이테크 기술은 인간을 건강하고 창의적이며 열정적으로 유지할 하이터치와 조화를 이뤄야 한다."고 했다. 학습과 관련해서 암기와 이해 등의 하이테크는 인공지능이 맡고, 적용·분석·평가·창조의 역량을 키우는 하이터치는 교수가 수행하는 것을 말한다. 대학들이 창조적 파괴에 나서려면 하이테크 방식에 하이터치 방식을 결합할 수 있어야 한다.

한국 대학 개혁의 큰 걸림돌 중 하나는 교육당국과 교수집단, 연구자 등 교육 엘리트들의 교육현실에 대한 편협한 이해에 기인한다. 국민들은 교육 개혁을 절실히 원하고 있지만 교육 엘리트들과 교육당국은 명쾌한 대책을 내놓지 못하고 있다. 현재의 엘리트 대학 독점체제로서는 대학 개혁이 불가능하다. 기득권에 막혀 지지부진한 개혁 방안과 관련하여 말하자면, 대학통합네트워크, 대입자격고사화 등을 공론화시켜 교육 형평성의 토대 위에서 수월성을 추구하는 교육체제로 전면 개편해야 한다.

기존의 교육체제와 교육정책은 4차 산업혁명시대에는 전혀 맞지 않는 구시대의 유물이 되어가고 있다. 이 사실을 교육당국과 교육 엘리트들만 애써 모른 척한다. 하루바삐 이들의 편협한 기득권을 넘어서서 미래시대를 위한 한국 교육을 똑바로 세울 기회를 마련해야 한다.

비대면 교육의 확산

2019년 12월 중국 후베이성 우한에서 시작된 코로나19는 2020년 1월 우리나라를 비롯해 일본과 태국 등 아시아를 넘어 이탈리아, 스페인, 미국 등 유럽과 북미 대륙에서도 많은 확진자가 나오면서 전 세계로 급속히 확산되었다. WHO는 감염 확산이 지속되자 동년 3월 11일에 홍콩독감(1968), 신종

플루(2009년)에 이어 사상 세 번째로 세계적 대유행(팬데믹) 사태를 선포했다.

치료제나 백신이 준비되지 않은 상황에서 맞이한 코로나19 바이러스는 전 세계 인류에게 엄청난 피해를 안겼다. 2020년 12월까지 확진자가 8천 1백만 명을 넘어섰고, 사망자는 178만 명에 달했다. 경제적인 피해도 엄청났다. 아시아개발은행의 전망보고서에 따르면 전 세계 총생산의 4.8%에 달하는 약 5,000조 원의 경제 손실을 예상하고 있다.

그러나 무엇보다도 중요한 것은 교육 분야의 피해다. 전 세계 학생들의 87%에 달하는 15억 명 정도가 학교에 가지 못하는 상황에 직면하게 됐다. 비록 일시적이었지만 전통적인 면대면 학습체계가 사실상 붕괴되었다. 초·중·고 개학이 한 달 넘게 연기되는 초유의 사태가 벌어졌고, 대학도 개학 연기와 함께 개강 후에도 거의 모든 대학들이 온라인 수업으로 진행했고, 1학기 전체를 온라인 수업으로 진행하는 대학들도 있었다. 코로나19로 인해 교수나 학생들이 원하든 원치 않든 온라인 수업이나 실시간 화상수업을 시행할 수밖에 없게 된 것이다.

지난 20년간 세계 각국은 전통적인 면대면 강의의 벽을 적극적으로 허물어 왔다. 2011년, 스탠퍼드 대학의 인공지능과 머신러닝 온라인 무료강의에 전 세계 수십 만 명의 학생이 수

강하여 잠재력을 증명하자 그 이듬해부터 대규모 공개 온라인 강의인 MOOC(Massive Open Online Course)의 열풍이 불었다. 미국의 미시건 공대나 미네르바 대학에서는 강의실 수업보다 효과가 높은 다양한 수업 방식들이 도입되었고 점차 확산되고 있다. 또한 세계 각국은 효율적인 온라인 교육을 통한 석·박사 학위 과정을 활발하게 운영하고 있다.

그러나 역설적이게도 정보기술(IT) 인프라가 세계 최고 수준인 우리나라는 온라인 교육을 대면수업보다 열등한 것으로 여기고 법으로 규제해 왔다. 온라인 강의를 기반으로 하는 대학은 '일반대학'과는 달리 '원격대학'이라는 별도의 틀로 특정지어 왔다. 시대의 흐름과 역행하는 일이라 하지 않을 수 없다.

우리나라가 보다 더 빨리 시대의 흐름을 받아들여 온라인 교육을 '교육'의 한 축으로 설정하여 법과 제도를 미리 정비하고 발달된 IT기술을 활용하여 온라인 교육에 더 많은 투자와 관심을 기울였다면 어땠을까 하는 아쉬움이 남는다. 코로나19로 인한 온라인 개강의 현실에 당면하여 가장 어려워하는 세대는 교육대상인 학습자가 아니라 강의를 진행하는 교수자라는 사실 또한 아이러니가 아닐 수 없다. '온라인 강의'가 결코 쉽지 않을 뿐만 아니라 준비에도 많은 노력이 필요하다는 것을 시사하고 있다.

한편, 학습자의 학습효과를 높이기 위한 몰입도 높은 디지털 학습콘텐츠는 짧은 시간에 개발할 수 없다. 하나의 학습콘텐츠를 개발하기 위해서는 마치 영화나 TV프로그램과 같은 복잡한 제작과정이 필요하다. 또한 한 과목의 온라인 강의를 개발하기 위해 다양한 분야의 전문가 협업이 요구된다. 강의 주체이자 내용전문가인 교수, 학습자의 학습 몰입도와 내용 이해를 위해 학습설계를 담당하는 교수설계자, PD, 그래픽 디자이너, 작가, 카메라맨, 의상 코디네이터, 영상편집자 등이 각자의 분야에서 전문성을 발휘해야 한다.

그러나 이렇게 많은 전문가가 참여했다고 해서 학습자가 만족한다는 보장이 없다. 따라서 제작된 학습 콘텐츠는 별도의 품질관리 절차를 통해 학습자 만족도를 높이기 위한 수정과 검토 과정을 여러 번 거쳐야 한다.

그동안 디지털 학습콘텐츠의 개발은 공적 영역과 사적 영역에서 다양하게 축적되어 왔다. 초·중·고 과정 및 각종 시험을 위한 디지털 학습콘텐츠 공급자로 성공한 중견기업들이 그 증거이다. 그러나 고등교육 분야에서는 디지털 학습콘텐츠에 대한 관심이나 개발이 상대적으로 적었고 어쩌면 무관심했다고 해도 과언이 아니다.

하지만 이번 코로나19 사태는 고등교육 분야의 디지털화라는 변혁이 시작되는 전환점이 되고 있다. 모든 대학이 온라인 개학을 했고 원격 수업을 하고 있다. 교수·학생·학교 운영진 등이 온라인 교육에 대한 적지 않은 시행착오를 거쳐 수업의 질과 효과를 높여가고 있다. 코로나19 사태가 진정되면 이러한 경험은 소멸되지 않고 더욱 발전되어 갈 가능성이 높다. 현재의 학습자는 이미 온라인에 익숙하고 초·중·고 과정부터 디지털 콘텐츠를 향유하고 있던 새로운 밀레니얼 세대이기 때문이다. 대학 역시 온라인 기반 수업의 유용성을 자각하는 계기가 된 셈이다. 방송대의 경우 이미 온라인 기반 수업에 대한 경험과 노하우가 축적되어 있어, 앞으로 더 발전가능성이 있음에 무한한 자긍심을 느낀다.

흔히 준비된 위기는 위기가 아니라고 한다. 위기는 대비하지 않은 상황에서 발생할 때 진정한 위기라고 할 수 있다. 다양한 재난에 대비하기 위해서도 고등교육의 디지털화는 필수적이다. 그간 대학교육은 면대면 수업에 의한 오프라인 교육이 주류였지만, 이제는 온라인 교육을 기존 교육에 어떻게 접목할 것인가를 깊이 고민하여야 할 때다. 금번 사태가 플립러닝 등의 새로운 미래 교육이 제도권 내에서 적극 수용되는 방향 설정의 계기가 될 것으로 본다.

디지털 세상에서 태어나 성장한 세대인 디지털 네이티브

(digital native)들에게 가장 중요한 것은 지식의 암기가 아닌 동기부여, 즉 '무엇을 배우느냐'가 아니라 '왜 배우느냐'이다. 그것이 자신과 관련 있을 때 학생들은 비로소 최고의 학습 성과를 낼 수 있다고 한다.

교육이 맞닥뜨린 가장 큰 문제 중의 하나가 시대에 뒤처진 디지털 이전의 사고를 가지고 거의 완전한 디지털 사고를 가진 이들을 가르치려 한다는 점이다. "어제 가르친 그대로 오늘도 가르치는 건 학생들의 내일을 빼앗는 것이다."라고 말한 존 듀이의 말을 새겨보아야 한다. 교육은 더 이상 과거의 지식 전달에 주력하는 것이 아니라 새로운 미래를 만들어 갈 인간의 잠재력을 찾을 수 있게 해 주어야 한다.

교육리더의 덕목

유능한 교육리더는 시대의 변화에 대응하는 유연한 사고체계와 인식이 필요하다. 효율적인 획일화의 유혹에서 벗어나 학생과 교수자들의 차이와 다양성을 인정하고 포용해야 한다. 소외된, 낮은 곳에 위치한 사람들의 심정을 이해하고, 각자도생보다 사회적 관계 맺기가 더 중요하다는 것을 기억해야 한다. 물론

이 과정에서 수단과 목적이 윤리적이고 정의로워야 한다.

다음으로, 교육리더에게는 도전적이고 역동적인 자세가 필요하다. 한편으로 교육리더는 외부로부터 항시 압력을 받는 자리다. 학부모, 지역사회, 교육계로부터 다양한 형태의 압박에 시달린다. 그럴수록 교육리더는 핵심가치에 대한 집중이 필요하다. 확고한 신념을 가지고 학생들을 위해 옳은 것에 집중해야 한다. 추구하는 가치가 명확하다면 교육리더 자신은 확신과 자신감을 느끼게 되며, 교수자들도 그렇게 따라하게 된다. 학생들도 당연히 따라오게 된다.

그렇다면 학생들을 4차 산업혁명시대에 살아갈 수 있도록 교육해야 할 21세기 교육리더의 유형으로는 어떤 것이 적합할까? 관리중심형 리더로서는 부족하다. 변화와 혁신의 주도자, 구성원들이 리더로서 행동할 수 있도록 도와주는 슈퍼바이저, 구성원들의 조직 몰입을 이끌어내는 임파워먼트 리더, 학교의 사회적 역할을 소명껏 실천하는 윤리적 리더의 모습이 요구되고 있다.

변혁 부문에서는 두 가지 측면을 고려해야 한다. 클라우스 슈밥의 표현을 빌리자면 큰 물고기가 작은 물고기를 먹는 것이 아니라, 빠른 물고기가 느린 물고기를 먹는다. 속도가 중요한 것이다. 그러나 괴테는 인생은 속도가 아닌 방향이 중요하다고 했다. 방향이 잘못 되면 속도는 무의미하게 된다.

"교육이란 들통을 채우는 일이 아니라 불을 지피는 일이다." 아일랜드 시인 예이츠의 말이다. 여기서 불은 동기부여라는 의미로 볼 수 있겠다. 동기부여는 학습의 성패를 가르는 가장 중요한 요인이다. 내가 가장 잘할 수 있는 것, 내가 꼭 해보고 싶은 것을 체험할 수 있도록 도와주는 것이 교육자의 몫이다.

동기부여의 성공 법칙을 네 가지로 정리해 보자. 첫째, 선택하도록 한다. 학생에게 학습방식의 선택권을 주면 더 큰 효과를 얻을 수 있다. 둘째, 가능성을 믿게 한다. 성공한 사람들의 공통점은 자신감을 가지고 가능성에 도전했다는 것이다. 셋째, 실패를 두려워하지 않게 한다. 실패는 반드시 가르침을 준다. 그걸 깨우치게 하면 된다. 동기부여의 마지막 비결은 열정을 갖게 하는 것이다. 미국 심리학자 앤절라 더크워스는 불굴의 의지, 투지, 집념을 의미하는 그릿(grit)이라는 개념을 만들었다. 그릿은 '열정이 있는 끈기' 즉, '실패에 좌절하지 않고 자신이 성취하고자 하는 목표를 향해 꾸준히 정진할 수 있는 능력'을 뜻한다.

교육리더는 자신부터 우물 안에서 나와야 한다. 그리고 교수자와 교수자, 학생과 학생들 간의 차이와 다양성을 인정하는 가운데 의사결정이 이루어지도록 해야 한다. 또한 다양한 경험과 실패의 축적이 성공으로 이어진다는, 삶에 대한 건강한 인식과 자세를 갖도록 해야 한다. 우리 사회에서 계층 이동의 유일한 통로는 교육이다. 따라서 교육이라는 공공의 우물이 건강한 생태계로 유지되도록 교육리더들의 끊임없는 자각과 노력이 필요하다.

삶의 변곡점에 서서

매경한고(梅經寒苦)

살다보면 누구나 몇 번은 길을 잃고 갈팡질팡하게 된다. 그러나 당황할 필요는 없다. 나에게 맞는 명확한 길을 찾아내는 과정이기 때문이다. 이럴 때는 잠시 멈추어야 한다. 시간을 내어 자신이 납득할 수 있는 결론에 도달할 때까지 생각을 거듭하는 성찰의 시간을 가져야 한다. 맑은 향기를 발산하려면 뼈에 사무치는 추위를 견뎌야 한다(梅經寒苦 發淸香).

윈스턴 처칠은 "성공이란 쓰러지고 또 쓰러지면서 한 치의 열정도 잃지 않고 다시 일어서는 것"이라고 했고, 나폴레옹은 "승리는 가장 끈기 있는 자에게 돌아간다."고 했다. "인생의 목적은 끊임없는 전진이다. 앞에는 언덕이 있고, 냇물이 있고, 진흙탕이 있다. 걷기 좋은 평탄한 길만이 길이 아니다. 먼 곳으로 항해하는 배가 풍파를 만나지 않고 조용히 갈 수 없다. 풍파는 언제나 전진하는 자의 벗이다. 풍파 없는 항해 그것은 얼마나 단조로운 것인가. 고난이 심할수록 내 가슴은 뛴다." 이것은 니체의 말이다.

그러나 고난이 심할수록 가슴이 뛰는 사람도 있겠지만 포기하고 싶은 사람도 있을 것이다. 그럴 땐 마르쿠스 아우렐리우스의 말을 되새겨 보자. "사람의 일생이란 그 사람이 일생을 어떻게 생각하는가에 달려 있다." 어떤 색깔의 프리즘을 통해 인생을 보느냐에 따라서 목표가 달라지고 과정이 달라진다. 그렇다면 이 자기만의 프리즘은 어떻게 만들 수 있을까?

물론 배워야 한다. 배움을 얻는다는 것은 자신의 인생을 사는 것이라고 한 법륜 스님의 말처럼, 자신의 삶을 살아내면서 스스로 찾아서 배워야 한다. 똑같은 일을 반복하면서 다른 결과가 나오길 기대하는 것은 어리석은 일이다. 삶을 성공적으로 영위하기 위해서는 배우고 성찰하고 자신감을 가지고 도전을 게을리하지 말아야 한다. 버드나무는 백 번 꺾여도 새 가지가 난다.

이런 주체적인 삶의 자세를 일깨워 주는 말로 '수처작주 입처개진'(隨處作主立處皆眞)이 있다. 당나라 임제선사의 『임제록』

에 나오는 말로, 어느 곳에서든 주인의 마음으로 일을 하면 참된 삶이 열린다는 뜻으로 풀이할 수 있다. 직장이 어디든 자신이 서 있는 곳에서 인생의 주인공으로 살아야 한다. 주변 환경에 끌려 다니는 삶은 재미도 없을 뿐 아니라 결과도 기대할 수 없다. 주체적 삶과 끊임없는 노력으로, 손님의 삶이 아닌 주인이라는 생각으로 바로 지금 내 앞에 주어진 일에 최선을 다하는 것이 중요하다.

죽비 같은 경구들

불교의 선종에서 좌선 중에 수행자를 지도하거나 경책할 때 사용하는 도구로 죽비(竹篦)가 있다. 죽비는 불사를 행할 때 손바닥에 쳐서 소리를 내어 일의 시작과 끝을 알리는 도구이다. 불교에서 공양할 때도 죽비의 소리에 따라 모든 대중들이 행동을 통일하게 되어 있다.

살아가는 동안에 우연치 않게 혹은 우연히 만나는 죽비 같은 경구가 우리 삶의 깊이를 더해 준다. 이런 경구가 담긴 서예 작품 중에 내 인생길에 이정표가 되어준 세 편을 소개한다.

公則說(공즉열)

寬則得衆(관즉득중)하고 信則民任焉(신즉민임언)하며
敏則有功(민즉유공)하고 公則說(공즉열)이니라.
너그러우면 대중의 지지를 얻게 되고 신의가 있으면 백성이 믿고 의지하게 되며,
민첩하면 공로를 이룩하게 되고, 공평하면 모두가 기뻐하게 된다.

위의 서예 작품은 나의 영원한 스승 박순직 선생님께서 방송대 총장 임용 소식을 듣고 보내 주신 글을 서예가 춘강 선생님께서 쓴 것이다. 내가 총장 재임 중 기본으로 삼고 있는 말은 '공즉열'(公則說)이다. 이는 공평하면 모두가 기뻐하게 된다는 의미로 『논어』의 마지막 구절 「요왈편」에 나온다.

아래의 작품은 방송대 대전·충남지역대학장 재직 시 춘강 선생님께서 직접 써 주신 것이다. '도문학'과 '존덕성'은 『중

尊德性而道問學(존덕성이도문학)

故(고)로 君子(군자)는 尊德性而道問學(존덕성이도문학)이니
致廣大而盡精微(치광대이진정미)하고 溫故而知新(온고이지신)하며
敦厚而崇禮(돈후이숭례)니라.

용』「27장」에 실려 있는데, 학문을 하는 데 있어서 군자가 따라야 하는 두 가지 큰 줄기다. 덕성(德性)은 인간이 선천적으로 안에 구비하고 있는 도덕적인 경향을 말한다. 여러 가지로 해석이 가능하지만, 도(道)는 길을 간다는 의미로 해석했다. 문학(問學)은 학문을 한다는 의미로 해석했다.

지극한 덕을 지니지 못하면 지극한 도는 응집되지 않는다. 따라서 군자는 존덕성과 도문학을 함께 실천해야 한다. 도문학은 도리와 이치를 공부하는 것으로, 경전을 공부하는 것이고, 존덕성은 덕성을 높이는 공부로 마음의 수양을 뜻한다. 한편으로는 학문과 공부, 또 한편으로는 수양과 실천을 양 측면에서 공부해 어느 한 편에 치우치지 말아야 한다.

주자는 이처럼 도문학과 존덕성, 두 공부가 반드시 병행되어야 한다고 강조하며, 한쪽에 치중해 다른 한쪽을 소홀히 하는 사람들을 경계했다. 단지 한 가지를 가르치면 그것에만 집착하여 다른 것의 중요성은 잃어버리는 사람들의 편협함과 어리석음을 인식하게 해 준 글이다.

앞의 작품은 총장실에 걸려 있는 것이다. 박순직 선생님의 글 계지중화(稽之中和)를 서예가 송암 정태희 교수가 쓴 글이다. 총장 일을 함에 있어 "화합을 중심에 두고 일을 하라."는 글이다.

인간이 동물과 차이가 있다면 무엇일까? 그것은 아마도 두 가지 일 것이다. 하나는 인간은 동물과 달리 도덕적 자각 능력을 가졌다는 것이고 또 하나는 인생이 유한(有限)하다는 것을 인지하고 살아간다는 것이다. 희망과 절망 사이의 삶의 변곡점에 있을 때, 한 발짝 두 발짝 가까이가 아니라 수십 발짝 멀리 떨어져 봐야 보이는 것들이 있다.

『주역』「계사전」에 이런 말이 있다. "역, 궁하면 변하고 변하면 통하며 통하면 오래 지속된다. 이 때문에 하늘은 스스로 돕는 자를 도우니 길하고 이롭지 않음이 없다(易, 窮則變 變則通 通則久 是以自天祐之 吉无不利)." 이 문구 중에 자천우지는 나의 좌우명으로, 노력할 때 하늘이 도와준다는 의미로서, 매사에 지극 정성을 다해야 한다는 의미다.

더불어 함께

사람은 누구나 행복해지고 싶어 한다. 그런데 행복의 기준과 그것을 찾아가는 과정이 사람마다 다르다. 나는 자아실현에서 행복을 느끼는 타입이다. 인간은 개인적·사회적인 자아가 실현되지 않으면 고독하고 외롭고 소외된 실존과 마주할 수밖에 없다고 한다. 고독하고 외롭고 소외되기 싫어서 더욱 자아실현에 집착했는지도 모른다.

사람마다 행복의 기준과 과정이 다를지라도 혼자서는 이룰 수 없는 게 행복이다. 사회를 이루는 '우리'들이 있어야 진정한 행복이 있다고 할 수 있다. 그런데 우리들은 모두 각자 다른 색깔을 지닌 사람들이다. 따라서 다른 사람의 의견을 승인하고 존중하는 마음, 즉 다양성을 인식하고 수용하는 능력이 중요하다. 차이를 존중하는 데서 관계가 시작되고, 서로가 차이적 존재라는 것을 알아야 진정한 공존이 가능하다.

차이의 전제는 획일성이 아니라 다양성이다. 차이는 만드는 것이 아니라 이미 있는 것을 발견하는 것이다. 발견을 위해서는 상대방에 대한 애정과 관심이 필요하다. 아주 하찮게 보이는 차이일지라도 그것이 그 사람의 존재 이유가 되기도 하고 무기가 되기도 있다. 밤하늘을 올려다볼 때 서서히 조금씩 별이 보이는 것처럼 사람도 조금은 오래, 자세히 보아야 차이가, 특성이 보인다. 차이를 존중하고 마음을 열 때 우리는 행복에 한 걸음 더 다가갈 수 있을 것이다.

'부부'는 '우리'의 최소단위라 할 수 있다. 9급 공무원에서 국립대 총장이 되기까지의 세월 동안 굴곡과 변곡의 고개를 넘을 때마다 힘이 되어 준 사람이 바로 아내다. 아내가 39년 공직생활을 마무리하고 2018년 12월말 정년퇴직을 했다. 그를 위해, 그에게 감사하는 마음으로 살고 싶어서 아담한 휴식 공간을 마련했다.

강원도 춘천시 남면 발산리, 폐목강심의 세월 동안 땀 흘리며 수없이 올랐던 삼악산 줄기에서 멀지 않은 곳이다. 옥호를 응식재(凝息齊)라 붙였다. 응(凝)은 물이 얼어 얼음으로 되는 것이므로 무엇으로 응축되어 완성된다는 뜻이다. 식(息)은 휴식을 뜻하니, 응식재는 휴식이 완성되어 미래로 간다는 의미로 붙인 것이다.

응식재에서 가까이 있는 강촌리는 물가의 마을이라는 의미에서 '물깨말'이라고 한다. '청춘과 낭만의 파라다이스'로 수많은 젊은이가 오가는 강촌역 근처에 나훈아의 노래비가 있는데, 거기에 새겨진 「강촌에 살고 싶네」라는 노래가사가 내 마음에 쏙 든다. 바로 그렇게 살고 싶기 때문이다. 가끔씩 아내에게 류시화의 시 「그대가 곁에 있어도 나는 그대가 그립다」
를 낭송해 주면서 말이다.

강촌역 인근에 세워져 있는 나훈아의 노래비를 바라보고 있는 필자.

이제야 올리는 부모님 전상서

아버지! 어머니! 하늘을 향하여 불러봅니다.

아버지는 40년 전에, 어머니는 16년 전에 이승을 떠나셨습니다. 참으로 강인한 아버지셨고 인자한 어머니셨습니다. 6남 4녀를 낳으시고, 자식을 위해 평생을 보냈습니다. 저는 아들로는 다섯째이고, 합쳐서는 여덟째라서 아버지, 어머니가 형과 누나들을 위해 얼마나 많은 고민을 하시는지 늘 지켜 보았습니다. 유난히도 엄격한 아버지는 자식의 진학과 사업문제로 화가 나면 며칠씩 단식을 하셨습니다. 이럴 때면 어머니는 집안 어른들을 모셔와 아버지를 설득하고 화를 풀어 드리기도 했습니다.

몹시도 곤궁했던 시절이었지만, 자녀 교육을 최우선 과제로 생각하고 교육시켜 주신 덕에 자식들은 오늘의 번영과 풍요를 이루었습니다. 자식의 교육을 위한 헌신뿐만 아니라 재(財)를 모으는 데도 열정을 다하여 시골 부자 소리를 듣기도 했지만 정작 당신들은 생전에 제대로 먹지도 입지도 못하셨습니다.

특히 형들에 대한 교육 열정이 대단하셔서 형들의 학비를 대느라 다른 자식들은 아무래도 뒷전이 될 수밖에 없었습니다. 세 분의 누님과 여동생은 교육의 혜택을 받지 못해 어렵게 고생도 많이 하면서 살았습니다. 똑똑한 누님들도 교육을 제대로 받았더라면 형들과 같이 모두 교수가 되었을 텐데 아쉽습니다.

고향 산에 자두나무 수백 그루를 심어놓고 입대한 후 3년 만에 돌아오니 잔가지만 남아 있고, 보증을 잘못 섰다가 실패한 형 때문에 집안이 어수선했습니다. 실패 경험이 없던 아버지는 형들의 거듭된 실패로 인해 끝내 화병이 나 자리에 누우셨습니다. 얼마 후 저는 아버지의 농사 권유도 접은 채, 모질게 마음먹고 공무원 시험에 응시하기 위해 가출을 했습니다.

안타깝게도 아버지께서는 제가 9급 공무원 발령을 받기 3개월 전에 돌아가셨습니다. 돌아가시기 직전 유산 분할에 대한 권한을 저에게 모두 맡기셨습니다. 유산의 대부분은 동생 둘과 결혼하지 않은 형에게 주었고, 제 몫으로 남겨뒀던 것은 지난해 집안의 조카에게 전부 인도하여 아버지의 당부를 제 나름대로는 실행을 했습니다.

국가직 9급 공무원 생활 6개월 만에 7급 공무원 발령을 받고 처음으로 사표를 냈습니다. 그리고 2년 6개월을 경북 금릉군청에서 근무하다가 두 번째 사표를 제출하고 기술고시에 도전했습니다. 1차는 합격하였으나 2차 시험과는 인연이 없었습니다. 공무원 생활을 하는 동안 방송대를 졸업했습니다. 방송대 조교를 하다가 농촌진흥청 농업연구사 시험에 합격하여 세 번째 사표를 내고, 농촌진흥청에서 연구원 생활을 했습니다.

농촌진흥청에 근무하는 동안 국가로부터 많은 도움을 받았습니다. 서울대학교 천연물과학연구소에서 첨단장비로 연구할 수 있는 기회가 생겼고, 또한, 일본과 미국으로 국비 유학을 갈 기회를 얻어 유학 중에 많은 연구 성과를 낼 수 있었습니다. 유학을 마치고 농촌진흥청에 복귀하여 근무 중에 방송대 교수가 되어 네 번째 사표를 냈습니다.

미국 유학 후 돌아와 보니 IMF 사태로 넷째 형이 부도가 나 살던 집까지 경매로 넘어가 있었습니다. 평생 아버지 어머니가 살던 집까지 날아갈 상황이었습니다. 아내와 상의하여 부부가 10여 년 부었던 적금과 예금을 모두 동원하여 법원 경매장에서 입찰에 응해 그 집을 샀습니다. 평생 살던 집을 다시 산 셈입니다. 지금은 넷째 형수와 조카들이 그 집에서 살고 있습니다. 이 집을 되산 것은 정말 잘한 일이었다고 생각합니다.

얼마 후 어머니의 건강이 많이 나빠지셨습니다. 6남 4녀의 자식이 있었지만 어머니는 다섯째 아들집에 계시는 것을 좋아

하셔서 저희 집에서 한동안 모셨습니다. 그러다 어머니가 치매가 심해지셔서 2년여를 요양원에 모시게 되었는데, 지금도 그때를 생각하면 자식의 도리를 다하지 못했다는 생각에 가슴이 미어집니다.

1999년 9월, 방송대 교수로 부임하여 20여 년 동안 치열하게 국책연구과제를 수행했고, 연구와 교육에 몰두하여 국가로부터 상도 많이 받았습니다. 그중 쌀 연구로 대한민국 100대 연구성과패를 받은 것과 식품과학기술대상을 3번이나 받은 것이 가장 큰 영광이었습니다. 방송대 교수 18년 만에 총장선거에 두 번째 도전하여 당선되었습니다. 그러나 당선되고도 정부로부터 임용제청 거부를 당하여 정부를 상대로 4년 1개월 소송을 하는 과정에서 인문학 공부를 하며 성찰의 시간을 가지기도 했습니다.

누구보다도 스스로 가장 잘 할 수 있는 농학 연구를 했고, 방송대 수만 명의 학생들에게 희망을 주고자 노력했습니다. 농사를 지어 가업을 이어가기를 바라셨던 아버지, 어머니의 기대에 부응하지는 못했지만 그 정신만은 이어받아 우리나라의 먹거리인 쌀 품종 개발로 국가에 기여하며 오늘에 이르렀습니다.

농학자가 되어 많은 연구 성과를 낸 것은 은사이신 이종훈 선생님, 박순직 선생님이 계셨기에 가능했습니다. 저의 영원한 정신적 지주로 모시고 있습니다. 박 선생님께서는 전국의 명산을 1박2일이나 2박3일 동행하면서 고전 이야기를 많이 들려 주셨습니다. 특히 한겨울 살을 에는 듯한 혹한 속에 오른 지리산 천왕봉에서 해주신 말씀은 지금도 잊지 않고 있습니다. 그때 박 선생님께서는 총장 출마를 극구 만류하시면서 더 큰 가치가 있는 쌀 연구에 매진할 것을 당부하셨습니다. 그 당부를 지키지 못한 죄송한 마음으로 박 선생님의 글을 받들어 다시 써 봅니다.

저에게 주어진 세상에 제가 어디까지 와 있는지 모르지만
이제부터는 마음공부에 진력하겠습니다.
주어진 몫 이상의 것을 요구하지 않겠습니다.
털어내는 일에 게으르지 않도록 하겠습니다.
불필요한 경쟁을 하지 않을 것입니다.

진흙에 더렵혀지지 않는 연꽃처럼
그물에 걸리지 않는 바람처럼
소리에 놀라지 않는 사자처럼
비난과 칭찬에도 흔들리지 않고,
홀로 행하고 게으르지 않으며
그렇게 살아야 한다고 소원합니다.

버려야 할 것에 미련 두지 않고

하지 않아도 될 일과 하지 말아야 할 일 앞에서

머뭇거리지 않겠습니다.

부모님의 목소리를 떠올려봅니다. 다시 태어난다고 해도 아버지, 어머니의 아들로 태어날 것입니다. 살아계실 때 최선을 다하지 못한 불효, 용서를 비옵니다.

다섯째 아들　올림

부록

1 류수노 총장 약력

[연보]

1956	충청남도 논산에서, 아버지 류상대(柳相大)와 어머니 정순복(鄭順福) 사이에서 6남 4녀 중 여덟째로 태어남
1972	연산중학교 졸업
1973	고등학교 졸업 검정고시 합격
1977	우송대학교 졸업
1977	육군 입대(하사관)
1979	육군 만기 제대
1982	국가공무원 9급 및 7급 합격·발령/ 방송대 농학과 입학
1984	기술고시 1차 합격, 2차 낙방
1985	기술고시 2차 낙방, 방송대 농학과 1기 학사학위 취득
1987	충남대 대학원 석사과정 입학, 기술고시 2차 낙방
1989	농학석사 학위 취득, 충남대 대학원 박사과정 입학, 기술고시 1차 다시 합격
1989	농촌진흥청 국립식량과학원 연구사 시험 합격, 근무 시작
1993	농학박사 학위 취득
1995	일본 나고야대학 식품과학부 객원연구원(국비 연수)
1997	미국 뉴저지주립대학(럿거스) 국비 유학(박사후 연수)
1999	방송대 교수 임용(조교수, 부교수, 교수)

2006	한국방송통신대학교 기획처장
2008	한국방송통신대학교 교수협의회 회장
2009	전국 국공립대교수회협의회 공동회장
2010	한국작물학회 회장
2010	한국방송통신대학교 대전·충남지역대학장
2011	농촌진흥청 녹색성장기술위원회 자문위원
2012	한국방송통신대학교 충북지역대학장
2014	사단법인 한국기능성작물생산포럼 이사장
2014	비영리법인 슈퍼자미장학회 이사장
2014	한국방송통신대학교 제7대 총장 1순위 후보 당선
2018	한국방송통신대학교 제7대 총장 임기 시작
2019	FTA 이행에 따른 농업인 등 지원위원회 위원

[수상]

청민기술상(농촌진흥청), 1995. 1.

신한국인상(대통령), 1995. 11.

한국작물학회 학술상(한국작물학회장), 1999. 5.

제18회 과학기술 우수논문상(과학기술단체총연합회), 2008. 7.

제11회 농림축산식품과학기술 대상(농림축산식품부장관), 2008. 9.

Vision 2010 대한민국 교육혁신 대상(서울신문), 2010. 2.

대한민국 100대 연구성과패 수상(교육과학기술부장관), 2010. 12.

제14회 농림축산식품과학기술 대상(교육과학기술부장관), 2011. 10.

제16회 농림축산식품과학기술 대상(농림축산식품부장관), 2013. 9.

교수연구업적 최우수상(방송대 총장), 2010. 8.

교수교육업적 최우수상(방송대 총장), 2011.8.

한국육종학회 품종개발연구상·코레곤품종상, 2017. 7.

한국작물학회 연구상·청사작물학상, 2017. 10.

제8회 대평 남종현 발명문화대상, 2019. 9.

옥조근정훈장, 2021. 5.

[저서] (총 15권 중 10권)

류수노, 2014, 『기능성 쌀의 과학』, 에피스테메.

류수노·김관수·우선희, 2015, 『재배학원론』, 한국방송통신대학교출판
문화원.

류수노·권순욱, 2016, 『농학원론』, 한국방송통신대학교출판문화원.

류수노·박의호, 2017, 『식용작물학2』, 한국방송통신대학교출판문화원.

류수노·현해남·최은영, 2017, 『환경친화형농업』, 한국방송통신대학교
출판문화원.

류수노 외, 2018, 『자원식물학』, 한국방송통신대학교출판문화원.

류수노 외, 2015, 『농업생명과학용어대사전』, 에피스테메.

류수노 외, 2012, 『우리 몸을 지켜주는 식량작물 이야기』, 한국작물학회.

류수노 외, 2007, 『강화약쑥』, 아카데미서적.

류수노 외, 1999, *Flavor Chemistry of Ethnic Foods*. Kluwer
Academic/Plenum Publishers.

[연구논문] (총 140편 중 8편)

Kee-Dong Yoon, Jung-Yun Lee, Tae-Yang Kim, Hanna Kang,
Kyoung-Soo Ha, Tae-Ho Ham, Su-Noh Ryu, Mi-Young
Kang, Young-Ho Kim and Young-In Kwon. 2020. In Vitro
and in Vivo Anti-Hyperglycemic Activities of Taxifolin and
Its Derivatives Isolated from Pigmented Rice (Oryzae sativa L.
cv. Superhongmi). J. Agric. Food Chem., 68 : 742-750.

Su-Noh Ryu. 2018. Environmental Variation of Taxifolin Content in a Rice Variety 'Superhongmi'. Korean J. Breed. Sci., 50(1) : 45-49.

Su-Jin Nam, Soo-Im Chung, Su-Noh Ryu, Mi-Young Kang. 2017. Effect of bran extract from pigmented rice Superjami on the lipid and glucose metabolisms in postmenopause-like model of ovariectomized rats. Cereal Chemistry., 94(3): 424-429.

Soo-Im Chung, Su-Noh Ryu, and Mi-Young Kang. 2016. Germinated Pigmented Rice (Oryza Sative L. cv. Superhongmi) Improves Glucose and Bone Metabolisms in Ovariectomized Rats. Nutrients., 8(10): 658.

S. W. Min, S. N. Ryu and D. H. Kim, 2010, Anti-inflammatory effects of black rice, cyanidin-3-O-β-D-glycoside, and its metabolites, cyanidin and protocatechuic acid, International Immunopharmacology, 10 : 959-966.

S. H. Park, S. N. Ryu, Youngmin Bu, Hocheol Kim, James E. Simon, K. S Kim, 2010, Antioxidant Components as Potential Neuroprotective Agents in Sesame(Sesamum indicum L.), Food Reviews International, 26(2) : 103-121.

Hwa-Young Kim, Joong-Hark Kim, Sung-Ae Lee, Su-Noh Ryu, Sang-Jun Han, Seong-Gil Hong, 2010, Antioxidative and Anti-diabetic Activity of C3GHi, Novel Black Rice Breed, Korean J. Crop Sci. 55(1) : 38-46.

S. J. Han, S. N. Ryu, H. T. Trinh, E. H. Joh, S. Y. Jang, M. J. Han, and D. H. Kim, 2009. Metabolism of Cyanidin-3-O-β-D-Glucoside Isolated from Black Colored Rice and Its Antiscratching Behavioral Effect in Mice. Journal of Food Science, 74(8): 253-258.

[특허] (총 20건 중 대표 9건)

미국 : A method for separating and purifying α-linolenic acid from perilla oil(등록번호 5,672,726, 1997. 9. 30); Rice cultivar C3GHi(등록번호 7,829,771, 2010. 11. 9)

일본 : α-リノレン酸の分離精製方法(등록번호 제7-277402호, 1997. 10. 25); 多量の天然色素シアニジン 3-グリコサイドを含有水稻種子(등록번호 제3986499호, 2007. 7. 20)

한국 : 참깨에 함유되어 있는 천연 항산화성 성분의 분리방법(등록번호 109461, 1996. 12. 19); C3GHi 신품종의 육종방법(제10-0687311, 2007. 2. 20); 면역력 증강을 통한 항아토피 활성을 갖는 C3GHi 흑자미벼(제10-1128354, 2012. 3. 13); 항산화 폴리페놀 고함유 쌀 추출물을 유효성분으로 함유하는 퇴행성 뇌질환 예방 및 치료용 약학적 조성물(제10-2015-0049274, 2015. 5. 8); 슈퍼홍미벼 육종방법과 그에 따른 슈퍼홍미를 이용한 건강기능식품 및 그 제조방법(제10-2015-0111700, 2015. 9. 3)

[국립종자원 벼 품종출원 및 등록]

1. 대립자미(2009. 12. 2), 등록번호 제4150호 (2012. 10. 17)

2. 슈퍼자미(2009. 12. 2), 등록번호 제4151호 (2012. 10. 17)

3. 큰눈자미(2009. 12. 2), 등록번호 제4152호 (2012. 10. 17)

4. 슈퍼자미2호(2011. 11. 1), 등록번호 제5131호 (2014. 8. 26)

5. 빠른슈퍼자미(2013. 4. 19), 등록번호 제5627호 (2015. 6. 29)

6. 늦은슈퍼자미(2013. 10. 25), 등록번호 제5631호 (2015. 6. 29)

7. 슈퍼홍미(2015. 3. 31), 등록번호 제7365호(2018. 9. 13)

8. 슈퍼자미3호(2021. 1. 21)

9. 찰성슈퍼찰(2021. 1. 20)

10. 슈퍼자미4호(2021. 1. 20)

류수노 방송대 총장 후보자 선출과정 및 후속 보도

방송대신문 2014. 7. 21.

류수노 교수, 총장 임용후보 1순위

방송대 출신 첫 총장 기대 ··· 2순위는 김○○ 교수
각종 검증 및 임명 절차 남아 ··· 9월 29일 취임 예정

류수노 농학과 교수가 제7대 방송대 총장 임용후보자 1위에 올랐다.

류 교수는 11일 서울 밀레니엄 힐튼 호텔에서 열린 2차 투표에서 전체 50표 가운데 31표를 얻어 김○○ 중어중문학과 교수(19표)를 누르고 1순위 총장 임용후보자에 이름을 올렸다. 득표율은 62.0%, 앞선 1차 투표에서도 류 교수는 23표(득표율 46.0%)를 얻어 1위를 차지했다. 그러나 과반 득표에 실패하면서 규정에 따라 2위 김○○ 교수와 함께 2차 투표를 하게 된 것. 이 밖에 1차 투표에서 박○○ 환경보건학과 교수와 김○○ 경영학과 교수는 각각 8표와 7표를 얻었다.

우리 대학 사상 처음으로 간선제로 열린 총장 임용후보자 선거에는 추천위원회 50명이 모였다. 선거 참여 인원은 지난 10일 추천을 받은 학내외 인사를 대상으로 관리위원회가 무작위 선정해 뽑았다.

선거 시작 직전 추천위원회 위원장(조○○ 가정학과 교수)과 부위원장(서○○ 불어불문학과 교수)이 호선으로 각각 선출됐다. 위원장은 선거에 들어 가기 앞서 열린 후보자 토론회 관리와 진행을 맡았다. 추천위원회에서 이뤄지는 모든 사안을 기록하는 간사(정○○ 컴퓨터과학과 교수)도 지명됐다.

1차 토론회에서 각 후보자가 소견을 발표했고, 이에 대해 후보자와 참석자가 질의응답 시간을 가졌다. 각 후보자는 7분 이내로 공약과 정책을 발표했다. 추천위원

들이 지면으로 제출한 질문 중 개별질문(3개)과 공통질문(1개)이 무작위로 선정됐다. 외부추천위원 질의를 끝으로 오전 일정이 마무리됐다. 오후 1시에 1차 투표가 있었다. 추천위원회가 동의해 2차 토론회는 생략됐다. 곧장 2차 투표에 들어갔다.

총장 임용후보자 1순위로 선출된 직후 류 교수는"방송대 구성원과 지혜를 모아 재학생과 동문이 함께하는 감동의 공동체를 만들겠다"며 "겸손한 자세로 자랑스럽고 아름다운 역사를 만들기 위해 최선을 다하겠다"고 당선 소감을 밝혔다.

선거는 끝났지만, 최종 총장 임용까지는 몇 단계 절차가 남아 있는 상태. 우선 후보자에 대한 검증 절차가 이뤄진다. 추천위원회는 총장임용후보자 1~2순위자로 선정된 류수노 교수와 김○○ 교수를 각각 관리위원회에 추천한다. 이후 관리위원회가 산학협력단에 두 후보자에 대한 심의를 요청하면 연구윤리위원회 검증 절차를 밟는다.

이를 통과하면 교육부가 공직자 윤리 규정 등에 의거해 다방면에 걸쳐 검증 절차를 거친다. 별다른 문제가 밝혀지지 않을 경우 국무회의를 거쳐 대통령이 최종 임명하게 된다. 최소 1개월에서 최장 2개월이 걸리는 복잡하고 엄격한 과정이다.

조선일보 [최보식이 만난 사람] 2014. 7. 28.

"나는 10남매의 여덟째… 농사짓던 소년이 대학 총장 선거서 1등 뽑혀"
https://www.chosun.com/site/data/html_dir/2014/07/27/2014072702440.html

중앙일보 2014. 7. 16.(윤석만 기자)

"농사짓다 대학 간 '쌀박사' 류수노, 방송대 출신 첫 총장"
https://news.joins.com/article/15270015

조선일보 [최보식 칼럼] 2014. 10. 10.

관(官)이 아무리 힘세도 이래도 되나

"총장 임기 첫날 아침에 교육부의 공문이 왔다.
'위의 사람은 총장직을 수행하기에 부적합하니 다른 후보를 추천해달라'
그 외 다른 설명이 없었다."

류수노 교수가 한국방송통신대 총장 선거에서 1위를 했을 때 화제가 됐다. 농사짓는 집안에서 6남4녀의 여덟째. 형들은 고향을 떠나 대학을 다녔지만 그는 중학교만 나왔다. 아버지와 함께 집안 농사를 맡았던 것이다.

군(軍) 제대 후 고교 검정고시를 쳤고 이어 9급 공무원 시험에도 붙었다. 공무원을 하면서 4년제 학사 과정의 방송대를 마쳤고 대학원에도 진학했다. 그 뒤 농촌진흥청 연구원으로 옮겨 근무 기간 논문을 60여편 썼다. 그는 1999년 방송대 졸업생 중 처음으로 방송대 교수가 됐다.

대학에서 그는 '쌀박사'로 통했다. 쌀 연구를 위해 겨울방학마다 3모작이 되는 필리핀으로 날아갈 정도로 열성이었다. 특정 성분이 강화된 '수퍼쌀' 연구로 '대한민국 농식품 개발 대상'을 세 번이나 받았다. 수퍼쌀의 수익금으로는 농사를 짓는 방송대 학생들에게 장학금을 지급해왔다.

그런 그가 총장 선거에 나가 "나는 키가 작으니 낮은 자세로 일하겠다."며 유세해 압도적인 1위로 당선됐다. 당시 만났을 때 그는 "놀라운 일이지요. 지금껏 방송대 총장은 서울대 출신이었는데 보잘것없고 농사짓던 방송대 출신이 됐으니까요"라고 말했다.

대학에서는 다득표자 1~2 순위자를 교육부 장관에게 추천했다. 교육부의 임명 제청과 대통령의 최종 임명이라는 형식 절차를 거치는 것이다. 1순위자에게 결격 사유가 없는 한 그대로 임명하는 게 관례였다. 그게 '대학 자치'의 뜻과도 부합했다.

9월 29일은 총장 임기 첫날이었다. 바로 그날 아침 대학으로 교육부의 공문이 왔다. '총장직을 수행하기에 부적합하니 다른 후보를 추천해달라' 쉽게 말해 선거를 다시 해서 다른 인물을 뽑아 달라는 것이다. 이 통보 외에는 다른 설명이 없었다.

당황한 대학 측이 연유를 묻자 "이는 개인 정보여서 말해줄 수 없다"는 교육부의 답변이 돌아왔다. 그가 직접 교육부의 담당 국장에게 전화를 걸었다. "부적합 사유를 본인에게는 알려줘야 하지 않는가?", "인사에 관련된 것은 알려줄 수 없다." 그가 왜 부적합한지를 알아내는 것은 마치 수수께끼처럼 됐다. 이 소식을 전해들은 방송대 동문들은 들끓었고, 방송대 학보에서는 '우리가 뽑은 총장을 교육부가 거부. 사상 초유의 사태'라고 썼다.

이런 희한한 '사건'은 그에게만 한정된 게 아니었다. 몇 달 전 선거에서 뽑힌 공주대 총장 후보도 똑같이 일방적인 '부적합' 통보를 받았다. 그는 행정소송을 제기했다. 교육부는 재판 과정에서도 부적합 사유를 밝히지 않았다. 판결은 공교롭게도 류수노 교수가 '총장 부적합' 통보를 받은 다음 날 있었다. 교육부의 패소였다.

한 번의 부적합 통보는 약과일지 모르겠다. 한국체육대는 작년 3월 총장 퇴임 이후 19개월째 총장 공석(空席) 상태. 그동안 네 번의 총장 선거가 있었다. 그렇게 뽑힌 총장 후보마다 번번이 교육부에 의해 퇴짜 맞았다. 모두 현 정권 들어와서 벌어진 일이었다.

현 정권에서 국립대 총장 선출 방식은 대부분 '간선제'로 바뀌었다. 총장 직선제의 폐해를 막겠다는 교육부의 의지였다. 대학 예산 지원과 행정 규제라는 칼을 쥐고 있었으니, 전국 39개 국립대가 모두 따랐다. 방송대는 교수·직원·학생·동문·외부인 대표 50명으로 선거인단이 구성됐다.

이런 간선제로 총장을 뽑자 교육부가 '상전'으로 올라탄 것이다. 대학에서 몇 달 간 선거 준비를 거쳐 뽑아놓으면 교육부 관료 몇 명(외부 2명 포함)이 앉아서 '적합' 여부를 심판하는 모양새다. 교육부에서 후보자를 판정하겠다면 대학에서 왜 선거를 해야 하는지 모를 일이다. 세상에 이런 낭비가 없다. 차라리 정부가 총장을 세우는 '임명제' 시절로 돌아가자고 말하는 게 옳다.

어떤 후보가 선거 과정에서 문제가 있었거나 뒤늦게 뚜렷한 흠결이 발견됐으면 제동을 걸 수는 있다. 지금은 그렇지도 않은 것 같다. 교육부는 입을 꽉 다물고 있다. 무슨 굉장한 비밀과 배경이 있는지 모르지만. 영문 모른 채 교육부의 말 한마디에 다시 선거를 치러야 할 대학은 황당한 것이다. 무엇보다 '부적합' 통보를 받은 후보에게는 명예와 관련된 문제다.

그저께 만난 류수노 교수는 이렇게 말했다. "도덕적으로 완벽하진 않겠지만 큰 흠결 없이 살아왔다. 그런데 이제는 내가 문제 많은 사람처럼 됐다. 비참한 기분에 며칠간 밥도 안 넘어가더라. 하지만 정부 권력에 맞선다는 것은 부담이다. 어떻게 해야 할지를 모르겠다."

　특정 대학에서 총장을 뽑는 문제는 남의 집안 얘기쯤으로 여겼다. 하지만 이번 교육부의 행태 하나를 보면 우리가 주목하지 않는 곳에서 이와 유사한 많은 일이 벌어졌거나 벌어지고 있지 않을까 싶다.

동아일보 [사설] 2014. 12. 19.

국립대 총장 임용 줄퇴짜,
이러니 비선 의혹 나오는 것

　교육부가 국립대 총장 임용을 잇달아 거부하면서 뒷말이 무성하다. 교육부는 16일 경북대에 '총장 후보자 임용을 대통령에게 제청하지 않기로 했다'는 공문을 보냈다. 경북대가 총장 후보를 뽑아 교육부에 추천한 지 두 달 만이다. 교육부는 앞서 공주대, 한국방송통신대, 한국체육대 총장 후보에 대해서도 사유를 밝히지 않고 제청을 거부했다. 한국방송통신대 총장 후보였던 류수노 교수는 "선거가 끝나고 열흘 뒤 청와대 직원이 전화해 시국선언에 참여했는지 물었다"고 말했다. 교육부 고위 관리가 "교육부가 해결할 수 있는 문제가 아니다. 청와대로 가라"는 말을 했다는 증언도 나왔다.

　물론 정부는 대학이 추천한 총장 후보를 거부할 권한이 있다. 그러나 과거에는 특별한 결격 사유가 없는 한 정부가 임용 제청을 안 한 적이 없다. 박근혜 정부 들어서는 국립대 총장 인사에 청와대가 직접 관여한다는 소문이 파다하다. 나○○ 문화재청장은 10월 국정감사에서 한○○ 새누리당 의원이 "한국전통문화대 총장을 왜 선임하지 않느냐"고 묻자 "청와대가 결정하지 않아서"라고 실토한 적도 있다.

　정부는 법원 판결에도 아랑곳하지 않고 있다. 공주대 총장 1순위였던 김○○ 교수는 '임용 제청 거부 처분 취소 소송'을 내 승소했다. 법원은 "교육부가 처분 이유와 근거를 제시하지 않고 의견 청취도 하지 않은 것은 행정절차법 위반"이라고 밝혔다. 교육부는 판결에 불복해 항소했다. 총장의 공백에 따른 부작용도 커지고 있다. 4개월 동안 총장이 없는 경북대는 병원 파업과 기성회 파산 등 현안이 산적해 있지만 아무런 결정을 못하고 있다. 한국체육대는 4번에 걸쳐 8명의 총장 후보가 거부당해 21개월째 총장이 공석이다.

최근 '정윤회 동향' 문건 파문도 결국 인사를 둘러싼 대통령 측근들 간의 권력 다툼으로 보는 시선이 많다. 청와대는 어제 "(쇄신해야 한다는) 여론을 잘 듣고 있다"고 밝혔다. 정말 청와대가 그렇게 돌아가고 있는지 의문이다. 국립대 총장 선임에 관여하는 것이 대통령의 뜻인지, 아니면 비선에서 이뤄지는 일인지 청와대가 분명히 밝힐 필요가 있다.

중앙일보 [칼럼] 2014. 12. 26. (김성탁 사회부문 차장)

국립대 총장 임명 공백, 왜?

류수노 방송통신대 교수는 6남4녀 중 다섯째 아들로 태어나 20대 중반까지 아버지와 농사를 지었다. 군 제대 후 농사를 더 잘 지을 방법을 고민하다 방송대에서 공부를 시작했다. 원격교육기관인 방송대 덕분에 낮엔 농사짓고 밤엔 학업을 할 수 있었다. 충남대 대학원에서 석·박사를 마친 그는 농촌진흥청에서 쌀 연구에 나섰다. 유해산소를 없애는 안토시아닌이 풍부한 '수퍼쌀'을 연이어 개발했다. 방송대 1회 졸업생인 그는 99년 첫 방송대 출신 교수가 됐고, 지난 7월 총장 후보자로 선정됐다. 하지만 교육부가 임용 제청을 거부해 첫 방송대 출신 총장 배출은 중단된 상태다.

교육부는 국·공립대 총장 후보에 대한 임용 제청을 잇따라 거부하고 있다. 공주대도 지난 3월 김○○ 교수를 1순위로 교육부에 추천했지만 반려됐다. 한국체육대도 21개월째 총장 공백 상태다. 지난 16일엔 경북대가 제청 거부 공문을 받았다. 국립대 총장은 교육부 장관의 제청으로 대통령이 임명하는데, 교육부가 교육공무원 인사위원회에서 심의한다. 교육부는 제청 거부 사유를 밝히지 않고 있다. 거부 사유가 개인 명예와 관련된 것이라 공개할 수 없다는 말만 되풀이한다.

일부 후보자와 관련해선 부동산이나 자녀 등과 관련해 문제가 있다는 설이 떠돌기도 했다. 하지만 교육부가 입을 닫고 있어 대학 구성원들의 반발이 거세다. 김

교수는 '임용 제청 거부 처분 취소소송'에서 승소까지 했다. 당시 행정법원은 "교육부가 처분 이유와 근거를 제시하지 않고 의견 청취도 하지 않았다"고 판결 이유를 밝혔다. 류 교수도 "잘못한 것이 있다면 처벌받으면 될 텐데 사유도 설명하지 않고 제청을 거부하는 이유를 모르겠다."고 말했다.

교육부의 처사는 정당성을 확보하지 못했다. 후보자의 심각한 하자를 발견했다면 교육부는 수사기관에 고발하든지 했어야 한다. 국립대 교수는 세금으로 봉급을 받는 공무원 신분인데 감독기관인 교육부가 알고도 눈감아 준 셈이기 때문이다. 중대한 결함이 아닌데도 임용 제청을 거부한 것이라면 후보자의 정치적 성향을 문제 삼는다는 세간의 의혹을 벗기 어렵다. 공교롭게도 경북대 1순위 후보자는 민주화를 위한 전국교수협의회 회원으로 국가보안법 폐지 성명에 서명한 적이 있다. 류 교수는 2009년 이명박 정부 규탄 교수 시국선언에 참여했다. 청와대가 후보자들을 상대로 인사검증을 했다는 증언이 나오면서 이 문제는 '청와대 개입설'로 번져 있다.

2012년 교육부는 재정지원과 연계해 국립대 총장 직선제를 바꾸는 작업에 나섰다. 이후 대부분의 국립대가 간선제인 총장임용추천위원회를 거친다. 하지만 최근 정부의 행태는 정권의 입맛에 맞는 국립대 총장을 앉히려는 게 아니냐는 시선을 받고 있다. 사실이라면 지성의 전당인 대학에 대한 모욕이다. 정권이 바뀌면 또다시 그 성향에 맞는 총장을 앉히려는 시도가 나타날 것이다. 교수 간 줄서기나 돈 선거 같은 총장 직선제의 부작용보다 외부 정치가 대학에 개입하는 게 더 큰 문제다.

조선일보 [사설] 2015. 1. 22.

교육부, 국립대 총장 임명 미루는 의도가 뭔가

서울고등법원은 21일 교육부가 근거와 이유를 밝히지 않은 채 공주대 총장 임용 제청을 거부한 것은 잘못이라고 판결했다. 국립대인 공주대는 작년 3월 김○○ 교수 등 두 명을 총장 후보 1, 2순위로 선출해 교육부에 추천했다. 국립대 총장은 대학이 후보 2명을 교육부에 추천하면 교육부가 그중 한 명을 대통령에게 임용 제청하도록 돼 있다. 그러나 교육부는 학교는 물론 당사자에게도 이유를 말하지 않고 공주대 총장 임용 제청을 거부했다. 이에 김 교수가 소송을 제기해 1심에 이어 2심도 교육부의 거부가 잘못이라고 판결한 것이다. 재판부는 "거부 이유와 근거를 제시하지 않은 것, 당사자들에게 사전 통지하지 않고 이들의 의견을 듣지 않은 것 모두 행정절차법 위반"이라고 했다.

교육부는 공주대 외에도 한국방송통신대, 경북대, 한국체육대의 총장 임용 제청도 거부하고 있다. 이로 인해 공주대는 9개월, 방송통신대와 경북대는 4개월, 한국체육대는 22개월째 총장이 없어 학교 운영에 차질을 빚고 있다. 교육부는 "거부 이유를 밝히면 사생활 침해 우려가 있다"고 하지만, 그게 사실이라 하더라도 당사자에게 알려주지 못할 이유는 되지 못한다. 아무 설명도 없이 무조건 거부하는 것은 당사자들을 "총장 부적합자'로 낙인찍어 오히려 그들의 명예를 훼손하는 것이다. 교육부가 무작정 임용 제청을 거부하니 대학가에는 정권 입맛에 맞는 사람을 총장으로 임명하려 한다는 소문까지 나돌고 있다.

방송통신대 총장 후보가 교육부를 상대로 제기한 소송에 대한 판결도 22일 나올 예정이다. 이대로 가면 국립대 총장은 대통령이 아니라 법원이 결정한다는 말이 나올 수밖에 없다. 교육부는 대법원 판결까지 시간 끌지 말고 신속히 임용 제청을 하든지, 당사자들에게 구체적인 거부 이유를 밝혀 납득시키든지 해야 한다.

한겨레 [사설] 2015. 3. 6.

'친박' 국립대 총장 세우려는 집요한 압박

국립대 총장 자리를 '정권의 사유물'로 만들려는 정부의 꼼수가 집요하게 이어지고 있다. 교육부는 경북대·공주대·방송대가 추천한 총장 후보를 아무런 이유도 대지 않고 거부했다가 해당 후보들이 낸 소송에서 잇따라 패소하자 이번엔 새 총장 후보를 뽑도록 해당 대학들을 직접 압박하기 시작했다. 각 학교에 공문을 보내 '새 총장 후보를 조속히 추천하라'고 요구하는가 하면 3일 교육부 간부들이 공주대를 찾아가 재차 같은 요구를 한 것이다.

교육부의 움직임은 세 대학으로 하여금 한국체육대와 같은 길을 걷도록 하려는 속셈이 뻔히 들여다보인다. 한체대는 자율적으로 선정한 총장 후보가 교육부로부터 네 차례나 거부당한 끝에 1월 '친박' 정치인인 김○○ 전 새누리당 의원을 총장 후보로 추천했다. 교육부는 기다렸다는 듯이 이를 받아들였고, 김 전 의원은 지난달 총장으로 임용됐다. 교육부가 그동안 국립대 총장 후보들을 잇달아 거부했던 게 정권의 입맛에 맞는 인물에게 그 자리를 내주려는 의도였음이 드러난 셈이다.

한체대와 달리 나머지 세 대학의 경우 거부된 총장 후보들이 교육부를 상대로 소송을 진행하고 대학 쪽도 새 후보를 추천하지 않으면서 버텨온 상황이다. 게다가 법원 판결도 교육부에 계속 불리하게 나오고 있다. 이런 상황에서 교육부가 대학들에 총장 후보 재추천을 다그치는 것은 대법원 확정 판결이 나기 전에 손을 쓰려는 또 다른 꼼수다. 이는 대학 자율권을 거듭 훼손하는 행위일 뿐 아니라 법원의 판단까지도 무력화시키려는 비열한 편법이다. 심지어 공주대를 찾아간 교육부 간부는 '대법원에서 패소해도 기존 후보는 임용하지 않을 것'이라는 식으로 협박했다고 한다.

이런 교육부의 태도로 볼 때 이 문제는 소송 등 통상적인 법 절차로도 풀 수 없는 상황이 됐다. 해결책은 정치권이 나서서 이 사태를 누가, 왜, 어떻게 주도하고 있는지 명백히 밝히는 길밖에 없다. 대학의 자율성이라는 헌법적 가치가 걸린 문제이고, 장기간의 총장 공백으로 피해를 입는 학생들이 있는 만큼 더 이상 방치해선 안 될 일이다.

한국일보 2015. 4. 3. (정지용·양진하 기자)

"교육부, 국립대 총장 임용 즉각 정상화하라"

적법한 절차를 거쳐 총장 후보로 추천됐지만 교육부로부터 뚜렷한 이유 없이 임용 제청을 거부당한 국립대 교수들이 교육부의 조치에 공동 대응하기로 했다. 해당 대학 학생들도 총장 임용을 촉구하는 서명을 정치권에 전달했다.

'국립대 총장임용 정상화 공동대책위원회'와 '국공립대학 총학생회'는 3일 서울 여의도 국회에서 기자회견을 열고 "교육부는 국립대 총장 임용을 즉각 정상화해 학문의 자유와 대학의 자치를 보장해야 한다"고 촉구했다. 공동대책위에는 교육부로부터 임용 제청을 거부당한 김○○(경북대), 김○○(공주대), 류수노(방송통신대)

총장 후보가 참여하고 있으며, 공동대책위를 결성한 이들이 기자회견을 연 것은 이번이 처음이다. 기자회견에 참석한 국공립대 학생 150여명도 교육부를 향해 비판의 목소리를 쏟아냈다. 윤○○ 공주대 학생회장은 "올해 2월 경북대, 공주대, 방송대의 석·박사 졸업생들은 '총장직무대리'가 수여한 졸업장을 받아야 했다"며 총장 공백 사태로 인한 문제를 지적했다. 방통대 학생들은 재학생과 졸업생 5만여명으로부터 총장 임용을 촉구하는 서명을 받아 김○○ 새누리당 대표에게 전달했다.

앞서 김○○ 공주대 총장후보는 교육부가 이유를 밝히지 않고 임용 제청을 거부하자 교육부를 상대로 소송을 제기해 1, 2심에서 잇따라 승소했다. 류수노 방통대 총장후보도 황○○ 교육부 장관을 상대로 낸 소송에서 승소했다. 하지만 교육부는 여전히 이들의 임용을 거부하고 있다.

국민일보 2014. 12. 18.(최영일 기자)

교육부, 국립대 총장 임용제청 잇단 거부 눈총… 대학 길들이기?
http://news.kmib.co.kr/article/view.asp?arcid=0922885097&code=11131300&cp=nv

서울신문 [사설] 2015. 1. 6.

국립대 총장 제청 거부 이유 제대로 밝혀야
http://www.seoul.co.kr/news/newsView.php?id=20150106031005

1. 제1심(서울행정법원, 판결선고 2015.1.22.)

주문

1. 피고(교육부)가 2014. 9. 29. 원고(류수노)에게 한 한국방송통신대학교 총장 임용제청 거부처분을 취소한다.
2. 소송비용은 피고가 부담한다.

이유

1. 처분의 경위: 생략
2. 피고의 본안전 항변에 관한 판단: 생략

   가. 피고의 항변: 생략

   나. 관계 법령: 생략

   다. 판단

   1) 이 사건 요청에는 이 사건 대학에 의하여 총장임용후보자로 추천된 원고를 대통령에게 임용제청하지 않겠다는 피고의 의사표시가 포함되어 있다. 다음과 같은 사정들을 고려하면, 이 사건 요청은 대통령에게 임용제청할 총장임용후보자를 정하기 위한 행정기관 상호간의 내부적인 의사결정과정에 불과한 것이 아니라, 총장임용후보자로 지원하여 교육공무원법에 따른 소정의 절차를 거쳐 해당 대학에 의해 총장임용후보자로 추천된 지위를 획득한 원고의 공직취임권을 배제하는 행정청의 행위이므로 항고소송의 대상이 되는 행정처분이라고 봄이 타당하다(대법원 1992. 1. 17. 선고 91누1714판결, 대법원 2010. 11. 18. 선고 2008두167 전원합의체 판결 등 참조).

      가) 헌법 제25조의 공무담임권은 비선출직 공무원의 경우에 있어서는 능력·전문성·적성·품성 등에 따라 균등하게 공직취임의 기회가 보장되어야 하고, 합리적인 이유 없이 공직취임의 기회가 박탈되어서는 아니 된다는 것을 그 내용으로 하고 있다.

나) 헌법 제31조 제4항의 교육의 자주성과 대학의 자율성은 대학에 대한 공권력 등 외부세력의 간섭을 배제하고 대학구성원 자신이 대학을 자주적으로 운영할 수 있도록 함으로써 대학인으로 하여금 연구와 교육을 자유롭게 하여 진리탐구와 지도적 인격의 도야라는 대학의 기능을 충분히 발휘할 수 있도록 하기 위한 것이며, 이는 헌법 제22조 제1항이 보장하고 있는 학문의 자유의 확실한 보장수단으로 꼭 필요한 것으로서 대학에게 부여된 헌법상의 기본권이다(헌법재판소 1992. 10. 1. 선고 92헌마68 결정 등 참조). 그리고 대학이 총장임용후보자를 선출하여 피고에게 추천하는 것은 대학 자치의 본질적인 내용에 포함된다(교수나 교수회가 '대학총장후보자 선출에 참여할 권리'는 대학 자치의 본질적인 내용에 포함된다고 본 헌법재판소 2006. 4. 27. 선고 2005헌마1047 결정 등 참조).

다) 그리하여 교육공무원법 등은 대통령이 대학의 장을 임용할 때 해당 대학의 추천, 피고의 제청 과정을 거치도록 법제화하는 한편, 대학총장 추천위원회를 법정기구화하고, 추천위원회의 구성방법, 총장후보자의 선정방법, 추천할 총장후보자의 수 등에 대해서도 규율하고 있다.

라) 헌법 제25조, 제31조 제4항, 교육공무원법 제24조 제1항, 제2항, 제5항 등을 종합하면, 해당 대학이 추천한 총장임용후보자(이하 '피추천인'이라 한다)를 피고가 반드시 대통령에게 임용제청하여야 하는 것은 아니라 할지라도, 피고가 피추천인을 자의적으로 배제시키고 해당 대학이 추천하지도 아니한 사람을 대통령에게 임용제청할 수는 없으며, 또한 대통령은 피고가 제청하지도 아니한 사람을 해당 대학의 장으로 임용할 수는 없는 것으로 해석된다. 그렇다면 피고로서는 피추천인의 임용제청 여부에 관하여 추천의 적법성 등의 측면뿐만 아니라 피추천인의 능력·전문성·적성·품성 등의 측면에서 합리적인 방법에 의하여 공정한

심사를 할 의무가 있고, 이에 대응하여 추천인과 피추천인도 피고에게 재량권의 일탈·남용이 없는 적법한 심사를 요구할 법규상 또는 조리상 신청권을 가진다고 보아야 한다.

마) 결국 피고가 피추천인인 원고 등을 대통령에게 임용제청하지 않기로 하였으니 총장임용후보자를 재추천하여 달라는 취지의 이 사건 요청은 이 사건 대학과 관계에서는 교육공무원법에 의하여 구체화된 대학자치권(총장임용후보자 추천권)을 제한하는 의미를 가지는 한편, 원고와 관계에서는 교육공무원법에 의하여 구체화된 공직취임권(피추천인으로서의 지위)을 제한하는 의미, 즉 교육공무원법 소정의 엄격한 절차를 거쳐 이 사건 대학 총장임용후보자로 추천된 원고에게 더 이상 이 사건 대학 총장으로 취임할 수 있는 기회(임용권자인 대통령의 최종 심사를 받을 수 있는 기회)가 주어지지 아니한다는 의미를 가진다.

2) 또한 해당 대학에 의해 총장임용후보자로 추천됨으로써 교육공무원법상 대통령에게 총장임용후보자로 임용제청될 수 있는 자격을 갖추었음에도 피고에 의해 임용제청이 거부되어 공직취임의 최종 기회가 박탈된 원고에게는 이 사건 요청의 취소를 구하는 이 사건 소송의 원고적격도 인정된다.

따라서 피고의 위 항변은 이유 없다.

3. 이 사건 요청의 적법 여부

가. 원고의 주장

이 사건 요청은 처분의 이유과 근거를 제시하지 않아 행정절차법 제23조 제1항에 위배된다.

나. 판단

피고가 이 사건 요청을 하면서 원고를 임용제청하지 않은 이유로 '원고가 이 사건 대학 총장으로 부적합하다'라는 것만 기재한 사실은 앞서 본 바와 같다. 따라서 원고로서는 피고가 어떠한 근거와 이유로 원고를 임용제청하지 않은 것인지 전혀 알 수 없었고, 이 사건 요청에 불복하여 행정구제절차로 나아가는 데에 큰 지장을 받고 있다고 봄이 타당하다. 이 사건 요청은 행정절차법 제23조 제1항에 위배되어 위법하다(대법원 2013. 11. 14. 선고 2011두18571 판결 등 참조).

4. 결론: 생략

판사: 반○○(재판장), 김○○, 김○○

2. 제2심(서울고등법원, 판결선고 2015. 7. 21.)

주문

1. 제1심 판결을 취소한다.
2. 이 사건 소를 각하한다.
3. 소송총비용은 원고가 부담한다.

판단

1) 재선정 요청(또는 임용제청 거부)이 행정처분에 해당하는지에 관하여

이 사건 대학의 장의 임용절차는 ① 해당 대학의 대학의 장 추천위원회가 대학의 장 후보자를 선정하고(교육공무원법 제24조 제3항), ② 대학의 장 추천위원회가 선정결과를 당해 대학의 장에게 통보하며(교육공무원 임용령 제12조의3 제5항), ③ 해당 대학은 2인 이상의 후보자를 교육부장관에게 추천하고(교육공무원 임용령 제12조의2), ④ 교육부장관은 인사위원회에 자문을 하여야 하며(교육공무원법 제24조 제6항), ⑤ 교육부장관은 대통령에게 후보자를 대학의 장으로 임용제청을 하고, ⑥ 대통령이 제청된 후보자를 대학의 장으로 임용하게 되며, 한편 고등교육법 제2조, 제3조, 한국방송통신대학교 설치령 제2조에 따르면, 한국방송통신대학교는 고등교육을 실시하게 위

하여 국가가 설립·경영하는 영조물로서, 교육부장관의 관할 아래 두도록 규정되어 있다.

위 규정에서 알 수 있는 바와 같이, 대학의 장 후보자의 추천권한은 한국방송통신대학교에게 속하는데, 한국방송통신대학교는 피고의 관할 기관에 속하는 영조물에 불과한 점, 피고는 해당 대학의 장 후보자 추천 후 인사위원회 자문을 반드시 거치게 되므로 후보자 추천 및 후보자 추천순위에 기속된다고 볼 수 없는 점 등에 비추어 보면, 한국방송통신대학교가 피고에게 대학의 장 후보자를 추천하는 행위와 피고가 한국방송통신대학교에 후보자를 재선정하여 추천할 것을 요구하는 행위는 임용권자인 대통령에게 임용제청을 하기 위한 전단계로서 감독기관과 관할기관 내부의 의사결정 과정에 해당할 뿐 그 자체만으로는 직접적으로 국민의 권리·의무가 설정·변경·박탈되거나 그 범위가 확정되는 등 기존의 권리상태에 어떤 변동을 가져오는 것이 아니므로 이를 행정소송의 대상이 되는 행정처분이라고 할 수는 없다(대법원 1989. 6. 27. 선고 88누9640 판결, 대법원 1993. 7. 27. 선고 93누2315 판결, 대법원 2010. 7. 15. 선고 2010두8409 판결 등 참조).

2) 원고에게 조리상 임용제청을 요구할 신청권이 존재하는지에 관하여

행정청이 국민의 신청에 대하여 한 거부행위가 항고소송의 대상이 되는 행정처분에 해당하려면, 행정청의 행위를 요구할 법규상 또는 조리상의 신청권이 그 국민에게 있어야 하고, 이러한 신청권의 근거 없이 한 국민의 신청을 행정청이 받아들이지 아니한 경우에는 그 거부로 인하여 신청인의 권리나 법적 이익에 어떤 영향을 주는 것이 아니므로 이를 항고소송의 대상이 되는 행정처분이라고 할 수 없는바(대법원 1996. 5. 14. 선고 95누13081 판결, 대법원 2005. 4. 15. 선고 2004두11626 판결 등 참조), 아래의 사정에 비추어 보면, 원고에게 피고를 상대로 임용제청을 요구할 조리상의 신청권이 있다고 볼 수 없다.[1]

---

1) 원고가 교원의 신규임용이나 임용만료된 교원의 경우 신청권이 있다는 근거로 든 사안, 즉 대법원 2004. 4. 22. 선고 2000두7735 전원합의체 판결의 사안은, 임용기간이 만료

가) 대학의 자율권 등에서 임용제청 신청권이 도출되는지

1990년대 이후 국립대학에서 총장 후보자에 대한 직접선거방식이 도입된 이래 거의 대부분 대학 구성원들이 추천하는 후보자 중에서 대학의 장을 임명하여 옴으로써 대통령이 대학총장을 임명함에 있어 대학교원들의 의사를 존중하여 온 점을 고려하면, 대학의 자치의 주체가 될 수 있는 대학 교수들에게는 대학총장 후보자 선출에 참여할 권리가 있고 이 권리는 대학 자치의 본질적인 내용에 포함되고 헌법상의 기본권으로 인정될 수 있다(헌법재판소 2006. 4. 27. 2005헌마1047, 1048(병합) 전원재판부 판결). 교육공무원법 제24조에서 대학의 장을 임용제청함에 있어 해당 대학의 추천을 받도록 규정한 것은 임용권자 또는 임용제청권자의 자의를 억제하고 객관적 기준에 따른 인사질서를 확립함으로써 대학의 자치 및 자율권을 도모하는 데 있고(대법원 2006. 9. 28. 선고 2004두7818 판결, 2009. 3. 26. 선고 2008두13705 판결 등 참조), 헌법 제34조 제1항은 "대학의 자율성은 법률이 정하는 바에 의하여 보장된다."라고 규정하고 있다.

위와 같이 헌법 및 교육공무원법령은 대학 자치의 주체인 대학 교수들이 참여하여 선정한 대학의 장 후보자를 대통령이 대학의 장으로 임

된 조교수가 임용권자인 서울대학교 총장(구 교육공무원 임용령(1999. 9. 30. 대통령령 제16564호로 개정되기 전의 것) 제3조 제2항 제2호)에 대하여 재임용거부처분취소를 구한 것으로서, 직접 임용권자를 상대방으로 한 것으로서 최종 임용권자가 아닌 임용제청권자인 피고를 상대로 하는 이 사안과 같을 수 없다.

또 대법원 2004. 6. 11. 선고 2001두7053 판결의 사안은, 신규채용에 있어서 유일한 면접심사 대상자로 선정된 임용지원자가 교원신규채용을 중단한 충남대학교총장에 대하여 나머지 심사를 공정하게 진행하여 그 심사에서 통과되면 임용해줄 것을 신청할 조리상 권리가 있다고 보았을 뿐이고, 대법원 1991. 2. 12. 선고 90누5825 판결의 사안 또한, 임용권자는 다수의 검사 지원자들로부터 임용신청을 받아 전형을 거쳐 자체에서 정한 임용기준에 따라 이들 중 일부만을 선정하여 검사로 임용하는 경우에 있어서, 임용신청자들에게 전형의 결과에 대한 응답, 즉 임용 여부의 응답을 해 줄 의무가 있고, 임용신청자로서는 그 임용 신청에 대하여 임용 여부의 응답을 받을 권리가 있다는 것일 뿐, 원고 주장과 같이 직접 임용제청을 요구할 신청권이 있다고 본 것은 아니다.

명함으로써 대학의 자율권을 제도적으로 보장하고 있다. 그러나 위와 같은 대학의 자율권은 임용권자의 인사권과의 관계에서 가치를 비교형량하여 보장될 수밖에 없는 한계가 있음이 명백하고, 따라서 대학의 자치 내지 자율권이라는 명목하에 임용권자의 인사권을 박탈하는 결과를 초래하는 것은 각 권리의 주체간의 형평의 면에서 합당한 이익균형이 될 수 없다. 그러므로 대학의 자율권은 대학 구성원들에게 해당 대학의 장 후보자 선출에 참여할 권리를 제도적으로 보장한다는 것일 뿐, 나아가 대학의 장 추천 후보자가 직접 임용제청권자에 대하여 임용제청을 신청할 권리까지 나아간다고 볼 수 없고, 원고가 주장하는 공무담임권이라는 권리도 대학 구성원들에게 해당 대학의 장 후보자 선출에 참여할 권리를 제도적으로 보장함으로써 반사적으로 갖게 된 지위에 불과하다고 봄이 상당하다.

나) 더구나 교육공무원의 인사에 관한 중요 사항에 관하여 교육부장관이 자문할 수 있도록 교육부에 인사위원회를 두고(교육공무원법 제3조), 교육부장관은 대학의 장을 임용제청하려는 경우에는 인사위원회에 자문을 하여야 하는데(교육공무원법 제24조 제6항), 이와 같이 인사위원회의 자문을 반드시 거치도록 한 것은 추천 후보자의 능력·전문성·적성·품성 등을 다시 심사함으로써 대학의 자율권에 기초한 후보자 추천을 인정하되 인사권자의 고유권을 행사하려는 취지로 해석된다. 따라서 인사위원회는 모든 추천 후보자의 능력 등을 심사하여 1순위 추천 후보자를 임용제청하도록 자문할 수 있을 뿐만 아니라 1순위 추천 후보자 아닌 후순위 추천 후보자를 임용제청하도록 자문할 수 있고, 나아가 모든 추천 후보자를 임용제청하지 않도록 자문할 수도 있다.

다만 추천 후보자를 피고가 임용제청하지 않음은 대학의 자율권을 해하는 결과로 보여질 수 있지만, 피고가 후순위 후보자를 임용제청하는 경우 선순위 후보자가 자신이 임용제청될 권리의 침해를 주장할 수 없다면 피고가 모든 후보자를 임용제청하지 않았다고 하여 후보자들에게 어떠한 권리침해가 있다고 볼 수는 없고, 이는 단지 피고의 임용제청이 적절하냐의 문제가 될 수 있을 뿐 위법의 문제까지 초래되는 것은 아니라고 봄이 상당하다.

결국 원고 주장과 같이 피고에게 반드시 추천된 후보자 중에서 임용권자에게 임용제청할 의무가 있다고 볼 수 없다.

다) 앞서 본 바와 같이 한국방송통신대학교가 피고에게 대학의 장 후보자를 추천하는 행위와 피고가 한국방송통신대학교에 후보자를 재선정하여 추천할 것을 요구하는 행위는 감독기관과 관할기관 내부의 의사결정 과정에 해당하고, 추천 후보자는 인사위원회에 의견을 제출하는 등 절차에 참여할 수 있는 권한 규정이 전혀 없으며, 또 교육부장관이 추천 후보자 중 1인을 임용제청할 경우 해당 대학에 특정 추천 후보자가 임용제청된 사실 및 나머지 추천 후보자가 임용제청되지 않은 사실을 알려주어야 한다는 규정도 없고, 특정 추천 후보자를 임용제청하더라도 나머지 추천 후보자에 대하여 임용제청되지 않은 사실, 그 사유와 근거 등을 알려주어야 한다는 규정도 없다.

이와 같이 해당 대학과 추천 후보자 전원이 후보자 추천 이후 임용제청 사이의 절차에서 배제되어 있는 것은 추천 후보자에게는 피고를 상대로 임용제청을 요구할 신청권이 없을 뿐만 아니라 추천 후보자로서의 지위가 어떤 권리로서 보장될 단계까지 이르지 않았음을 반증하기 때문이고, 원고가 임용제청거부로써 침해받았다고 주장하는 법률상 불이익은 피고의 임용제청권이라는 고유한 권한 행사에 따른 반사적 불이익에 불과하다.

판사: 지○○(재판장), 강○○, 박○○

3. 제3심(대법원, 판결선고 2018. 6. 15.)

주문

원심판결을 파기하고, 사건을 서울고등법원에 환송한다.

판단

1. 행정청의 어떤 행위가 항고소송의 대상이 될 수 있는지의 문제는 추상적·

일반적으로 결정할 수 없고, 구체적인 경우 행정처분은 행정청이 공권력의 주체로서 행하는 구체적 사실에 관한 법집행으로서 국민의 권리의무에 직접적으로 영향을 미치는 행위라는 점을 염두에 두고, 관련 법령의 내용과 취지, 그 행위의 주체·내용·형식·절차, 그 행위와 상대방 등 이해관계인이 입는 불이익과의 실질적 견련성, 그리고 법치행정의 원리와 당해 행위에 관련한 행정청 및 이해관계인의 태도 등을 참작하여 개별적으로 결정하여야 한다(대법원 2010. 11. 18. 선고 2008두167 전원합의체 판결 등 참조).

한편 항고소송은 처분등의 취소 또는 무효확인을 구할 법률상 이익이 있는 자가 제기할 수 있고(행정소송법 제12조, 제35조), 불이익처분의 상대방은 직접 개인적 이익의 침해를 받은 자로서 원고적격이 인정된다(대법원 1995. 8. 22. 선고 94누8129 판결, 대법원 2015. 10. 29. 선고 2013두27517 판결 등 참조).

2. 가. 헌법 제31조 제4항은 "교육의 자주성·전문성·정치적 중립성 및 대학의 자율성은 법률이 정하는 바에 의하여 보장된다."라고 규정하고 있다. 고등교육법에 의하면, 대학에는 학교의 장으로 총장 또는 학장을 두며(제14조 제1항), 총장 또는 학장은 교무를 총괄하고, 소속 교직원을 감독하며, 학생을 지도한다(제15조 제1항).

교육공무원법 제24조는 대학의 장은 해당 대학의 추천을 받아 교육부장관의 제청으로 대통령이 임용하며(제1항), 대학의 장의 임용추천을 위하여 대학에 대학의 장 임용추천위원회를 두어야 하고(제2항), 위 추천위원회는 '추천위원회에서의 선정' 또는 '해당 대학 교원의 합의된 방식과 절차에 따른 선정' 중 어느 하나의 방식으로 대학의 장 후보자를 선정하여야 한다고 규정하면서(제3항), 위 추천위원회의 구성·운영 등에 필요한 사항은 대통령령으로 정하도록 위임하고 있다(제4항). 그 위임에 따라 교육공무원임용령 제12조의2는 대학이 2인 이상의 대학의 장 후보자를 임기만료일 30일전까지 교육부장관에게 추천하여야 하고, 추천위원회가 대학의 학칙으로 정하는 바에 따라 해당 대학의 교원, 직원, 재학생, 졸업생 및 대학의 발전에 기여하였거나 교육·연구 또는 대학 운영에 관한 학식과 경험이 풍부한 사람으로서 10명 이상 50명 이하의 위원으로 구성하여야 한다고 규정하고 있다.

또한 교육공무원법에 의하면, 대학의 장 후보자 선거에서는 일정한 방식의 선거운동이 제한되어 있고(제24조의2), 대학의 장 후보자 추천을 위하여 직접 선거를 하는 경우 그 선거관리는 해당 대학 소재지를 관할하는 구·시·군 선거관리위원회에 위탁하여야 한다고 규정하고 있다(제24조의3).

나. 이처럼 교육공무원법령이, 대학으로 하여금 교육부장관에게 대학의 장 후보자를 추천하고 그 후보자의 선정을 해당 대학의 다양한 구성원들로 구성된 추천위원회가 하도록 정한 취지는, 대학이 구성원 총의를 모아 대학의 장 후보자를 추천하도록 함으로써, 교원 등에게 대학의 장 후보자 선출에 참여할 기회를 부여하여 헌법 제31조 제4항이 보장하고 있는 대학의 자율성을 보장하기 위한 것이다. 교육공무원법이 대학의 장 후보자 선출을 위한 선거에서 선거운동의 방식을 제한하고, 직접선거를 하는 경우 관할 선거관리위원회에 선거관리를 위탁하도록 규정한 것은 일차적으로 선거결과의 공정성을 기하기 위함이지만, 공정하게 실시된 선거결과는 학내 구성원뿐만 아니라 임용권자도 존중하여야 함을 전제로 한 것으로 볼 수 있다. 나아가 대학의 장 임용에 관하여 교육부장관의 임용제청권을 인정한 취지는 대학의 자율성과 대통령의 실질적인 임용권 행사를 조화시키기 위하여 대통령의 최종적인 임용권 행사에 앞서 해당 대학의 추천을 받은 총장 후보자들의 적격성을 일차적으로 심사하여 대통령의 임용권 행사가 적정하게 이루어질 수 있도록 보좌하기 위한 것이다.

교육부장관의 임용제청권 행사는 이러한 제도의 취지에 따라 이루어져야 할 것이며, 해당 대학의 추천을 받은 총장 후보자는 교육부장관으로부터 정당한 심사를 받게 될 것으로 절차적 기대를 하게 된다. 그런데 교육부장관이 자의적인 이유로 해당 대학에서 추천한 복수의 총장 후보자들 전부 또는 일부를 임용 제청하지 않는 경우에는 대통령에 의한 심사와 임용을 받을 기회를 박탈하는 효과가 있으므로, 이는 항고소송의 대상이 되는 처분으로 보지 않는다면, 달리 이에 대하여는 불복하여 침해된 권리 또는 법률상 이익을 구제받을 방법이 없다. 따라서 교육부장관이 대학에서 추천한 복수의 총장 후보자들 전부 또는 일부를 임용제청에서 제외하는 행위는 제외된 후보자들에 대한 불이익처분으로서 항고소송의 대상이 되는 처분에 해당한다고 보아야 한다.

다만, 교육부장관은 해당 대학에서 추천한 총장 후보자들에 대하여 일정한 심사를 진행하여 임용제청 여부를 결정할 수 있고, 추천받은 특정한 후보자를 반드시 임용제청하여야 하는 것은 아니며, 또한 교육부장관이 임용제청을 한 후보자라고 하더라도 임용권자인 대통령이 반드시 총장으로 임용하여야 하는 것도 아니다. 나아가 대학의 교육·운영에 관하여 광범위한 권한을 갖는 총장 임용에서는 특정 후보자가 대학의 자율성과 전문성을 효과적으로 보장하고 학내 구성원들의 기대와 요구를 충족시키는 데 적합한 능력과 자질을 갖추고 있는지에 관한 평가가 요구된다. 교육공무원법령은 대학이 대학의 장 후보자를 복수로 추천하도록 정하고 있을 뿐이고, 교육부장관이나 대통령이 대학이 정한 순위에 구속된다고 볼 만한 규정을 두고 있지 아니하므로, 대학이 복수의 후보자에 대하여 순위를 정하여 추천한 경우 교육부장관이 후순위 후보자를 임용제청했다고 하더라도 이로 인하여 헌법과 법률이 보장하는 대학의 자율성이 제한된다고는 볼 수 없다. 이처럼 대학 총장 임용에 관해서는 임용권자에게 일반 국민에 대한 행정처분이나 공무원에 대한 징계처분에서와는 비교할 수 없을 정도의 광범위한 재량이 부여되어 있다. 따라서 해당 대학에서 추천한 후보자를 총장 임용제청이나 총장 임용에서 제외하는 결정이 대학의 장의 자격을 정한 관련 법령 규정에 위반되지 아니하고 사회통념상 합리성을 갖춘 사유에 따른 것이라는 일응의 주장·증명이 있다면 쉽사리 위법하다고 판단하여서는 아니된다.

3. 원심판결이 일부 인용한 제1심판결 이유에 의하면, 다음과 같은 사정들을 알 수 있다.

가. 원고는 국립대학인 이 사건 대학의 교수이다.

나. 이 사건 대학은 '이 사건 대학 총장임용후보자 선정에 관한 규정'에 따라 총장임용후보자 선정관리위원회 구성, 총장후보자 공모, 정책토론회 등의

절차를 거쳐 총장임용후보자 추천위원회 투표 결과 가장 많이 득표를 한 원고를 1순위 총장후보선정자로, 원고 다음으로 많은 득표를 한 김○○를 2순위 총장후보선정자로 결정하여, 2014. 8. 8. 피고에게 원고를 1순위 총장임용후보자로, 김○○를 2순위 총장임용후보자로 추천하였다.

다. 피고는 2014. 9. 29. 이 사건 대학에 '총장 임용후보자 재추천 요청'이라는 제목 하에 '원고 및 김○○가 이 사건 대학 총장으로 부적합하여 임용제청을 하지 않기로 결정했다. 이 사건 대학은 교육공무원법 등 관련 규정에 따라 조속한 시일 내에 총장임용후보자를 재선정하여 추천하여 달라'는 내용의 문서를 보냈다(이하 '이 사건 재추천 요청'이라고 한다).

4. 위와 같은 사실관계를 앞서 본 법리에 비추어 살펴보면, 이 사건 재추천 요청은 이 사건 대학이 추천한 총장 후보자 모두를 총장 임용제청에서 제외하는 내용의 불이익처분으로서 항고소송의 대상이 되는 처분에 해당한다고 봄이 타당하다. 원고가 이 사건 대학이 추천한 총장 후보자인 이상, 구체적으로 원고에서 총장 임용 제한사유가 있는지 또는 피고가 원고에 대하여 총장 적격성을 심사한 결과가 어떠한지는 본안에서 심리 후 판단하여야 할 사항이다.

5. 그런데도 원심은, 원고에게 총장 임용제청을 요구할 법규상 또는 조리상 신청권이 인정되지 않는다고 보아 피고의 원고에 대한 총장 임용제청 제외처분이 항고소송의 대상이 되는 처분에 해당하지 않는다고 판단하였다. 이러한 원심판단에는 항고소송의 대상적격 및 처분성 등에 관한 법리를 오해하여 판결에 영향을 미친 위법이 있고, 이 점을 지적하는 상고이유 주장은 이유 있다.
원심이 용용한 거부처분의 신청권 법리는 어떤 신청행위가 있고 행정청이 그에 대한 거부행위를 한 경우를 전제로 하는 것이어서, 이 사건에 용용하기에는 적절하지 않음을 밝혀 둔다.

6. 그러므로 원심판결을 파기하고, 사건을 다시 심리·판단하도록 원심법원에 환송하기로 하여, 관여 대법관의 일치된 의견으로 주문과 같이 판결한다.

대법관 : 김○○(재판장), 김○○(주심), 조○○, 민○○

■ 2014년 국정감사 2014. 10. 8. 국회 교육문화체육관광위원회 회의록

▷ 박○○ 위원

한국체육대학교, 공주대학교, 한국방송통신대학교—총장 후보가 적법한 절차에 의해 가지고 학칙에 따라서 복수로 추천이 되어 왔습니다. 그런데 인사위원회에서 부적격하다는 이유로 교육부장관은 임명 제청을 거부했습니다. 인사위원회는 교육공무원법에 의해 장관이 자문을 하기 위해 설치된 위원회로서 인사에 관한 중요사항을 자문하는 기관에 불과합니다. 또 대학교 총장이 후보추천위원회에서 추천을 받게 되면 교육부장관은 요식행위로서 대통령께 제청을 하게 됩니다. 설령 인사위원회에서 부적격 판정이 난다 할지라도 그 의견을 붙여서 대통령께 제청을 해야 됩니다. 이것을 하지 않으면 교육부장관이 제청권자로서의 월권을 하는 것이고, 임명권자인 대통령의 인사권에 대한 침해라고 생각됩니다.

만일에 제청을 하게 되면 대통령은 헌법 89조에 의해 국무회의 심의를 거쳐서 대학 총장을 임명하도록 되어 있는데 교육부장관이 법적 절차를 위배해 대통령께 제청도 하지 않으면 국무회의 심의 과정에서 적법 여부를 심의 받을 수 있는 기회마저도 박탈되어 교육부장관의 권한을 남용하고 있는 겁니다. 특히나 행정절차법에 의하면 어떤 이유로 교육부장관이 임명 제청을 하지 않는 것에 대한 근거와 이유를 당사자에게 통보하도록 되어 있는데 그것마저도 하지 않고 있습니다. 이유는 명예와 사생활에 관련된 사항이기 때문에 하지 않는다고 합니다. 본인이 명예를 포기하면서 사생활에 대한 공표가 되어도 문제가 없다며 공개를 해 달라는 이유마저도 거부를 하고 있습니다. 법원에서도 잘못됐다고 판결이 났습니다. 왜 교육부장관께서는 이 국립대학 총장 세 군데에 대해서 이렇게 공석을 두고 임명을 하지 않음으로써 대학 행정에 커다란 장애를 초래하고 있는 것인지 이해할 수가 없습니다. 그 점을 답변해 주시기 바랍니다.

▷ **교육부장관 황○○**

　법률적으로 정확하게 말씀하시기 때문에 제가 이야기 드리기가 조심스럽습니다마는 교육공무원법에 따르면 교육공무원 인사위원회 심의를 거치게 되어 있기 때문에 이것은 단순한 자문이 아니고, 우리 교육부에서는 이 절차에 따라서 결론을 따르는 것이 쭉 해왔던 일입니다.

　그리고 그러한 심의가 마쳐지면 거기에서 적격 심의가 된 분에 대해서 교육부장관으로서 대통령께 제청하면 대통령이 임용하도록 되어 있고, 이 부분에 대해서는 판례나 모든 것이 그동안에 저희들이 했던 일에 대해서……

▷ **박○○ 위원**

　장관님, 뒤에서 써주신 대로 답변하지 마시고. 아주 해박하신 법률가이신데 어떻게 그렇게 말씀하십니까? 교육공무원법 3조에 인사위원회 설치가 있는데 이것은 교육부장관이 자문할 수 있도록 교육부에 교육공무원 인사위원회를 둔다고 되어 있지 심의한다는 말이 없어요. 물론 자문하려면 심의를 해야 되겠지요.

　이것은 교육부장관 자문위원회인데 대통령 자문위원회도 아니에요. 자문위원회에서 어떤 결론이 나더라도 대통령께 제정은 해야 됩니다. 대통령 인사권 침해지요. 자문위원회의 의견과 대통령의 의견이 달랐을 때에는 대통령이 임명하고 싶은데 교육부장관이 제청 안 해 버리면 임명도 못 하는 그런 대통령 인사권 침해가 된단 말이에요.

▷ **교육부장관 황○○**

　그것은 절차에 따라서 심의를 마친 다음에 하도록 되어 있기 때문에 그렇게 절차를 가는 것이고……

▷ **박○○ 위원**

　그러면 왜 근거와 이유를 당사자에게 통보도 안 합니까?

▷ **교육부장관 황○○**

　그것은 본인이 원하면 알려줄 수 있습니다.

▷ 박○○ 위원

 본인이 원하고 있는데도 불구하고, 판결문에 본인이 원하고 있다고 적시가 되어 있고…… 판결문에도 잘못됐다고 하고 있는데 왜 행정절차법을 위배합니까?

▷ 교육부장관 황○○

 알려 드리도록 하겠습니다.

■ 제331회 국회 2015. 2. 11. 교육문화체육관광위원회 회의록(제3호)

▷ 박○○ 위원

 지난번 10월…… 작년 10월 8일 교육부 국정감사에서 본 위원이 '국립대학 총장 추천자에 대한 임명제청을 거부한 근거와 이유를 당사자에게 통보도 안 합니까?'라고 장관님께 질의를 했습니다. 그랬더니 장관 답변이 '본인이 원하면 알려줄 수 있습니다'라고 답변을 했습니다. 그래서 제가 다시 '판결문에도 잘못 됐다고 하는데 왜 행정절차법을 위배를 합니까?'라고 질의를 했더니 '알려 드리겠습니다'라고 분명히 답변을 해서 속기록에 기재가 되어 있습니다.

 그러면 그 당시는 국정감사를 받으면서 당사자에게 알려주겠다고 공식적으로 답변을 했는데 왜 지금까지 안 알려주고 있는 것인지, 또 만일에 그동안의 관례로 당사자에게 근거와 이유를 통보하지 않도록 되어 있었다고 한다면 왜 관례를 위반하고 국정감사에서는 알려주겠다고 답변을 했는지 이해할 수가 없고…… 지금 장관 답변내용이 아주 모순입니다. 이거는 분명히 해명을 받아야 되고, 이것을 본다면 아직까지도 알려주지도 않고, 소송을 계속해서 상고를 하는 것만 보더라도 허위 답변이었다, 국회에서의 증언·감정 등에 관한 법률에 의해서 허위증언을 한 것이기 때문에 이것도 고발대상이 된다, 저는 그런 이야기를 드리지 않을 수가 없고.

 아까 김○○ 위원의 말씀이 계셨습니다마는 교육부장관께서 말씀하신 판례는 이미 2010년 11월 8일 대법원 전원합의체 판결에 의해서 판례가 변경이 됐습니다. '총장 임명제청 거부 행위는 총장 임용후보자로 지원하여 교육공무원법에 따른 소정의 절차를 거쳐 해당 대학에 의해 총장 임용후보자로 추천된 지위를 획득한 원고의 공직취임권을 배제하는 행정청의 행위이므로 항고소송의 대상이 되는 행정처분이라고 봄이 타당하다'하고 전원합의체 판결이 나와 있어요. 지금 장관께서

이 내용을 파악하고 계시는 건지, 아닌 건지 알 수가 없는데 지금 뭔가 꿍꿍이속이 있어 공개를 못 하는 사유 때문에 이러고 있는 것인데, 이걸 이대로 방치를 해 버리면 장관의 행위를 정당화시켜 주는 것이고, 국회 무시행위를 우리 스스로가 자초하는 행위일 뿐만 아니라 위법행위, 방조행위가 된다. 그래서 시민단체에서 이 상임위원회에 이 고발건 문제를 해결하지 않고 넘어가게 되면 직무유기로 고발도 할 것이고, 위증에 대한 방조범으로, 함께 공범으로 고발을 할 것이다, 저는 이런 말씀을 경고 차원에서 위원장께 드립니다.

▷ **위원장 설○**

지금 황○○ 장관에 대한 고발 건이 논의되고 있습니다. 상식을 벗어나는 얘기 아니겠습니까? 왜 이렇게 되었습니까?

▷ **부총리겸교육부장관 황○○**

다시 제가 장관으로서 말씀드리겠습니다.

▷ **위원장 설○**

잠깐만요. 아니, 국정감사에서 당사자들에게 알려 주겠다고 약속을 하고 답변을 그렇게 하시고 난 뒤에 계속해서 안 알려 주는 것은 무슨 이유입니까? 결과적으로 장관께서 허언을 하고 있는 것 아닙니까? 무슨 말로도 이게 설명이 안 되지 않습니까?

그러지 마시고요, 총장 취임할 수 있도록 하십시오. 간단합니다. 뭐가 그렇게 복잡합니까? 대통령이 내가 알 때는 이거 일일이 다 알고 있다고 생각하지 않습니다. 비서진들이 판단도 엉터리로 하고, 이 상황에 대한 제대로 된 생각들을 않기 때문에 이런 결과가 나왔다고 저는 생각합니다. 바로잡으세요.

말씀해 보십시오.

▷ **부총리겸교육부장관 황○○**

그런데 지난 번 국정감사 때 존경하는 박○○ 위원님께서 '그 근거와 이유를 당사자께만 이라도 알려 줘라' 이러한 말씀이 있으셔서 본인도 그런 것에 대해서 근본적으로 같은 심정입니다. 다만 제가 답변 드렸을 때 제 권한의 범위 문제가 있기 때문에 '알려 드리도록 하겠습니다. 제 권한인지는 몰라도 알아보고 제가 할 수 있는 범위 내에서 위원님 말씀을 존중해서 그렇게 하도록 하겠습니다,' 이렇게 제가 답변을 했는데 그 후에 여러 가지를 검토한 결과, 또 이것이 쟁송 중에 들어가기 때문에 그렇다면……

1989년도에 나온 대법원 판결에 따라서 '임명제청 그리고 그 철회는 행정기관 상호 간의 내부적인 의사결정 과정일 뿐이고 행정처분이라고 할 수 없다' 그리고 2010년 7월에 역시 대법원에서 총장 임명제청 거부처분 취소소송에서도 상고이유를 기각하면서 행정처분으로 보기 어렵다는 하급심 판결을 인용한 것과 같은 지속되는 판결과 교육부의 입장에 따라서 쟁송을 하는 도중에 장관이 이와 달리 공개를 할 경우에는 소송을 스스로 포기하는 상황이 되기 때문에 어려움이 있었다는 점을 말씀드리고, 이것이 얼마 남지 않은 시간 내에 이 부분에 대한 최종판결이 바로 당해사건에 대해서 있기 때문에 그때는 그 대법원 판결에 따라서 우리가 정리하겠다, 이런 말씀을 재삼 드립니다.

참고문헌

권석천, 2019, 『두 얼굴의 법원』, 창비.

김영란, 2015, 『판결을 다시 생각한다』, 창비.

김주환, 2019, 『회복탄력성』, 위즈덤하우스.

김형섭, 2019, 『나는 다산이오』, 산처럼.

류성룡, 김흥식 옮김, 2003, 『징비록』, 서해문집.

_____, 신태영 외 옮김, 2016, 『징비록』, 논형.

_____, 이재호 옮김, 2007, 『징비록』, 위즈덤하우스.

_____, 장윤철 옮김, 2020, 『징비록』, 스타북스.

박석무, 2003, 『다산 정약용 유배지에서 만나다』, 한길사.

_____, 2017, 『다산 정약용 평전』, 민음사.

사이토 다카시, 김나랑 옮김, 2018, 『사이토 다카시의 진정한 학력』, 지식의 날개.

서울대학교 공과대학, 2015, 『축적의 시간』, 지식노마드.

송복, 2014, 『류성룡, 나라를 다시 만들 때가 되었나이다』, 가디언.

스캇 펙, 윤종석 옮김, 2007, 『스캇펙의 거짓의 사람들』, 비전과리더십.

스티븐 레비츠키·대니얼 지블랫, 박세연 옮김, 2019, 『어떻게 민주주의는 무너지는가』, 어크로스.

신창호, 2016, 『정약용의 고해: 스스로에게 건네는 생의 마지막 고백』, 추수밭.

양성현, 2020, 『다시보는 임진왜란』, 책공장.

윤춘호, 2019, 『다산, 자네에게 믿는 일이란 무엇인가』, 푸른역사.

이덕일, 2004, 『정약용과 그의 형제들 1, 2』, 김영사.

이성복, 1990, 『그 여름의 끝』, 문학과지성사.

장 앙텔므 브리야 사바랭, 홍서연 옮김, 2004, 『브리야 사바랭의 미식 예찬』, 도서출판 르네상스.

정민, 2020, 『다산과 강진 용혈』, 글항아리.

정성희, 2011, "인물한국사−정약용", 네이버캐스트.

정약용, 양홍렬 역, 1994, 『다산시문집』(제4권), 한국고전번역원 한국고전종합DB.

제이 새밋, 이지연 옮김, 2018, 『파괴적 혁신』, 한국경제신문.

제임스 J. 두데스텟, 이규태·양민·이철우 옮김, 2004, 『대학혁명』, 성균관대학교출판부.

조윤제, 2018, 『다산의 마지막 공부』, 청림출판.

조지 오웰, 강미경 옮김, 2020, 『동물농장』, 느낌이 있는책.

존 카우치·제이슨 타운, 김영선 옮김, 2020, 『교실이 없는 시대가 온다』, 어크로스.

짜우포충, 남혜선 옮김, 2017, 『국가의 품격은 어떻게 만들어지는가』, 더퀘스트.

케빈 캐리, 공지민 옮김, 2016, 『대학의 미래』, 지식의 날개.

한국민족문화대백과, 2020, 「정약용」, 한국학중앙연구원.

황경식, 2018, 『존 롤스 정의론』, 쌤앤파커스.